eanneney

Ce que produisent

nos colonies

Leçons de Choses et Lectures

Librairie Ch. Delagrave

CE QUE PRODUISENT

NOS COLONIES

SOCIÉTÉ ANONYME D'IMPRIMERIE DE VILLEFRANCHE-DE-ROUERGUE
Jules BARDOUX, Directeur.

CE QUE PRODUISENT
NOS COLONIES

LEÇONS DE CHOSES ET LECTURES

PAR

A. JEANNENEY

AGENT DE COLONISATION

CHEVALIER DU MÉRITE AGRICOLE, OFFICIER D'ACADÉMIE

PARIS

LIBRAIRIE CH. DELAGRAVE

15, RUE SOUFFLOT, 15

1896

CE QUE PRODUISENT
NOS COLONIES

COUP D'ŒIL GÉNÉRAL

Vous avez jusqu'ici, mes chers amis, appris par les leçons de choses usuelles comment se fabriquent le pain que nous mangeons, le vin que nous buvons, le drap et la toile dont nous nous habillons. Tous ces produits, et les matières premières dont ils ont été formés, sortent de notre pays, de la France ou des pays voisins. Mais ils ne sont pas les seuls que nous ayons à employer presque journellement. N'avez-vous point entendu parler de substances et de denrées qui nous arrivent de pays plus lointains, généralement des pays chauds, ou des *colonies?*

Tous ceux d'entre vous qui habitent la ville ont remarqué l'enseigne de certains magasins : *épicerie, denrées coloniales.*

Les *épices* et certaines denrées nous arrivent donc des colonies.

Les colonies nous envoient également de nombreux produits, sur lesquels vous n'avez que des renseignements très vagues.

On vous apprend, au cours de géographie, à connaître les colonies de la France, les pays lointains qu'elle a conquis, soit par des traités pacifiques, soit à la suite d'expéditions militaires victorieuses. Ce qu'il faut maintenant que vous connaissiez, ce sont les marchandises que nous pouvons tirer de ces colonies, afin que vous compreniez bien pourquoi la patrie s'est imposé de lourds sacrifices dans le but de conquérir ces lointains pays.

Nous allons passer en revue la série des produits que nous tirons des colonies; nous en étudierons la culture et le mode de préparation.

Vous en connaissez déjà un certain nombre. Nous avons parlé des magasins d'*épicerie* ou de *denrées coloniales :* les épices font partie des denrées coloniales; ce sont, vous le savez, le *poivre,* les *clous de girofle,* les *noix de muscade,* la *cannelle,* etc.

Les autres denrées coloniales vendues couramment dans les mêmes magasins, et servant à notre alimentation, sont le *riz,* le *café,* le *chocolat,* le *thé,* le *sucre* et le *rhum.*

Nous tirons aussi d'une de nos colonies la *morue.*

Ajoutons à ces produits la *vanille,* le *tapioka,* le *sagou,* le *gingembre,* et des fruits qui commencent à arriver souvent et à être bien connus en France : les *ananas,* les *noix de coco,* etc.

C'est aussi des colonies que nous tirons la *colle de poisson.*

Outre ces matières et produits divers qui se rattachent plus ou moins directement à notre alimentation, on fait venir des colonies des matières textiles, des substances tinctoriales, des médicaments, des matières premières utilisées dans l'industrie, et enfin des minéraux précieux ou utiles.

Parmi les textiles, citons le *coton,* qui est le plus employé. Viennent ensuite la *soie,* le *jute,* l'*aloès,* la *ramie,* la *bourre de coco.*

Nous demandons aux colonies, comme substances tinctoriales, l'*indigo*, le *rocou*, le *curcuma*, le *bois de campêche*.

Comme matières premières industrielles, les colonies nous fournissent : le *caoutchouc*, la *gutta-percha*; puis les noix de *palme*, les *arachides*, le *sésame*, les *noix de coco*, qui servent à fabriquer des huiles et des savons.

Enfin, dans les pharmacies, outre de nombreux produits coloniaux que vous apprendrez à connaître plus tard, nous trouvons : l'*huile de foie de morue*, le *quinquina* et la *quinine*, l'*ipécacuanha*, le *camphre*, l'*opium*, etc. On y trouve aussi la *gomme arabique*.

Nous ne parlerons pas ici de certains minéraux ou métaux précieux ou utiles qui nous arrivent aussi des colonies : ce sont l'*or*, le *nickel*, le *chrome*, le *cobalt*, le *soufre*, le *plomb*, le *cuivre*, l'*argent*, etc.

Des forêts des colonies on commence à tirer des bois rares ou odoriférants.

Parmi ces produits dont vous ignorez l'origine, la forme première, le mode de récolte, d'extraction et de préparation, nous allons étudier ensemble les plus usuels.

CHAPITRE PREMIER

MATIÈRES ALIMENTAIRES TIRÉES DES COLONIES

1. Le Cacao et le Chocolat.

Nous commencerons par un produit qui est regardé comme une friandise.

Je suis sûr que bien peu d'entre vous, en dégustant le matin la tasse de chocolat fumant et parfumé que vous sert votre maman, ou en croquant à belles dents la tablette de votre goûter, se sont demandé d'où provenait cette pâte brune, si agréable et si nourrissante.

Le chocolat est une pâte que l'on prépare avec une amande préalablement torréfiée, comme celle du café, puis broyée très finement, et à laquelle on ajoute du sucre; pour les qualités supérieures on l'aromatise avec un peu de vanille ou de cannelle.

L'amande, que l'on nomme *cacao,* se trouve dans le fruit du *cacaoyer.*

Le cacaoyer est un arbre auquel les botanistes ont donné le nom de *Theobroma cacao.* Si je vous donne ce nom, plus difficile à retenir que celui de cacaoyer, c'est non pour que vous vous en souveniez dès maintenant, mais pour vous en donner le sens, car il signifie quelque chose. *Cacao* est la corruption d'un mot mexicain, *cocoa,* qui signifie *coque, cocon,* gros fruit creux, à cause de la forme du fruit. *Theobroma,* vous le saurez si vous apprenez le grec, est un nom composé qui signifie *nourriture des dieux,* par allusion au goût exquis des amandes de ce fruit. Notre nom botanique signifie donc fruit, nourriture des dieux.

Cet arbre, qui pousse dans l'Amérique tropicale, est peu élevé et d'un port très élégant, qui rappelle un peu celui

Cacaoyer.

du cerisier de France. Les feuilles sont grandes, d'un beau vert; les fleurs s'épanouissent toute l'année à l'aisselle des feuilles, sur les branches et même sur le tronc, ce que nous ne voyons pas en France sur nos végétaux. Le fruit est une coque de la forme d'un petit melon un peu allongé et pointu aux extrémités, de 10 à 15 centimètres de long, dure, ligneuse, jaune, jaune orangé ou d'un beau rouge, suivant les espèces. Cette coque (cacao ou cocoa) renferme une pulpe blanchâtre, visqueuse, grasse, sucrée, agréable au goût. Dans cette pulpe sont rangées, en couches superposées, les amandes qui constituent le cacao.

On trouve des cacaoyers sauvages donnant de bonnes amandes dans l'Amérique du Sud, et en particulier dans notre colonie de la Guyane française. Plus généralement il est cultivé.

Le cacaoyer aime une terre légère et ne croît bien qu'à l'abri des grands vents. Dans sa jeunesse, il redoute les rayons trop ardents du soleil : aussi le plante-t-on généralement à l'ombre d'autres arbres, et de préférence parmi les bananiers, dont les racines n'épuisent pas le sol et dont les larges feuilles donnent un abri suffisant. On le plante de graines et sur place, en ayant soin que les graines soient fraîches, car elles perdent très rapidement la faculté de germer. On soigne les plantations, comme toutes celles des arbustes, en nettoyant le sol des mauvaises herbes qui pourraient étouffer les jeunes sujets, et en binant assez profondément le sol pour l'ameublir et l'aérer. A l'âge de deux ans, un cacaoyer peut mesurer de 80 centimètres à $1^{m},50$ de haut, suivant sa vigueur et la qualité du sol. Vers la fin de la troisième année, il fleurit. On ne commence à faire de bonnes récoltes que vers la fin de la cinquième année. La durée de sa production est de vingt-cinq à trente ans. Il ne nécessite plus, à cinq ans, de soins, d'entretien coûteux ; mais on l'empêche de s'élever en l'*étêtant,* c'est-à-dire en coupant le sommet de l'arbuste, afin de rendre la récolte plus commode et de mieux répartir la sève dans toute la plante. Cette récolte, qui dure en réalité presque toute l'année, se fait néanmoins à deux époques principales, fin décembre et fin juin.

Les fruits cueillis sont coupés en deux au couteau et vidés. Les graines, mêlées à la pulpe visqueuse dont nous avons parlé, sont entassées dans des auges de bois et recouvertes de feuilles que l'on maintient avec des cailloux pesants. Ainsi comprimées, elles fermentent, ou plutôt la pulpe sucrée qui les enveloppe entre en fermentation et se décompose. Tous les matins on brasse la masse à l'aide d'une pelle de bois. Quand les graines ont pris une couleur rougeâtre, c'est-à-dire au bout de quatre ou cinq jours, on les retire et on les étend sur des claies exposées au soleil. Une fois bien sèches, elles sont mises en sac et expédiées.

Branche et fruits du cacaoyer.

D'autres fois, on les enfouit dans la terre, où elles fermentent également, mais avec plus de lenteur. On ne les en retire qu'au bout de trente à trente-cinq jours pour les faire sécher. C'est le *cacao terré*.

Enfin, quelques planteurs, pour sécher le cacao, emploient un feu de brindilles qui lui communique une légère odeur de fumée. C'est le *cacao fumé*. Ces deux dernières variétés sont plus estimées que la première.

Dans les plantations, on laisse entre les cacaoyers un espace moyen de 4 mètres en tout sens. C'est dire qu'il faut à chaque arbre environ 16 mètres carrés pour se développer librement. Ce qui représente 625 ou, en chiffres ronds, 600 pieds à l'hectare. Le rendement, par arbre, est de 1 kilogramme à 1kg,500 de graines sèches, soit de 800 à 900 kilogrammes à l'hectare. On peut cultiver, dans l'intervalle des plants, différents produits, surtout, comme nous l'avons vu, les bananes, et souvent les patates.

Les négociants reconnaissent de nombreuses variétés de cacaos, qu'ils distinguent d'après la *forme*, la *couleur* et les *dimensions* des graines qui nous arrivent.

Le *cacao des îles*, qui vient des Antilles, et particulièrement de la Guadeloupe, a le grain plat et la peau assez épaisse.

Le *berbiche*, qui vient de Berbice (ville de la Guyane anglaise), a les graines moins allongées, plus arrondies, plus douces au toucher.

Le *surinam* (Guyane hollandaise) a le grain long; le *caraque*, qui vient de Caracas (Vénézuéla), est le plus recherché. Les graines en sont volumineuses, plus grasses, plus amères.

Les colonies françaises qui nous expédient du cacao sont : la Guadeloupe, la Martinique et, en plus petite quantité, la Guyane. On le cultive avec succès à la Réunion.

Le cacao, tel qu'il arrive en France, sous la forme d'amandes, est amer au goût. On le torréfie, comme on fait du café, puis on le pulvérise très finement, de façon à le réduire en pâte, à l'aide d'énormes cylindres de pierre ou de métal. A la pâte ainsi formée on ajoute du *sucre*, de la *vanille* ou un peu de *cannelle*, qui l'aromatisent, font disparaître son amertume et le rendent moins indigeste. La pâte est reprise, pétrie et malaxée de façon à rendre bien intime et bien complet le mélange des éléments qui la composent. Elle est alors chauffée légèrement, ce qui la ramollit, puis versée dans des moules d'où on la retire sous forme de tablettes, qui sont enfin enveloppées de papier d'étain, puis de papier ordinaire. Le *chocolat* est prêt ainsi à être vendu.

Vous avez dû remarquer, à la surface d'une tasse de bon chocolat chaud, une couche mince d'un corps gras liquide, qui forme des yeux comme le bouillon. C'est à cause de la présence de ce corps gras, qui fond à une température peu élevée, que l'on est obligé d'envelopper les tablettes d'une feuille d'étain : sans cette précaution, le corps gras fondrait et tacherait le papier. Le chocolat, d'onctueux qu'il était, deviendrait sec, cassant et moins agréable à manger. Cette substance, c'est le *beurre de cacao*, que l'on vend, vous le savez, chez les pharmaciens, en petites tablettes enveloppées d'étain; on l'emploie pour les gerçures des mains et des lèvres, par les grands froids, et à divers autres usages qui ont surtout pour but d'assouplir la peau. Il exhale un agréable parfum de cacao.

Le chocolat était connu des Mexicains dès la plus haute antiquité. Les Espagnols le trouvèrent employé par eux vers l'an 1500, quand ils pénétrèrent en Amérique. En 1520 ils en introduisirent l'usage en Espagne, où sa préparation resta longtemps secrète. Au retour du mariage de Louis XIV avec l'infante Marie-Thérèse d'Autriche, l'usage du chocolat pénétra en France, vers 1660, c'est-à-dire trois ans après l'apparition du café dans notre pays. Un officier de la reine, nommé Chaillou, obtint le privilège d'être seul débitant de la « boisson des dieux », comme on l'appelait alors, et fut nommé « premier chocolatier » du royaume.

Depuis, le chocolat, qui s'est répandu partout, est devenu assez peu coûteux pour être à la portée de toutes les bourses. C'est un aliment sain, agréable et facile à digérer, quoique fort nourrissant.

2. Le Café[1].

Vous connaissez tous cette boisson brune et parfumée que l'on prend, soit mélangée au lait le matin, soit seule et additionnée de sucre, après les repas. Vous savez également que le café se prépare avec des grains verts ou

1. Voir pour cette question intéressante le 2e volume du *Manuel des cultures tropicales*, de notre excellent maître T. Raoul, *Culture du caféier*. Le professeur pourra puiser dans cet ouvrage de précieux renseignements complémentaires. Paris, A. Challamel, 1894.

jaune verdâtre, durs, à odeur faible, arrondis et bombés d'un côté, plats et marqués d'un sillon longitudinal de l'autre. Ces grains sont d'abord torréfiés avec soin dans un grilloir, où ils dégagent, en brunissant de plus en plus, une odeur très agréable ; une fois grillés, ils sont moulus ; sur cette mouture ou *marc,* comme on l'appelle, on verse de l'eau bouillante, qui prend, en la traversant, la couleur et le parfum que l'on aime à trouver dans l'infusion de café.

D'où viennent les grains de café ? De quel pays sont-ils originaires ? Sur quel végétal les récolte-t-on ? C'est ce que nous allons apprendre.

Le *café* est la graine d'un arbrisseau des pays chauds de la famille des Rubiacées, à laquelle appartiennent la garance, le quinquina, dont nous aurons l'occasion de parler, etc. On l'appelle caféier ou cafier. Le port de ce végétal est très gracieux ; il peut atteindre jusqu'à 10 mètres de haut ; mais, comme nous le verrons plus loin, on ne le laisse, pas plus que le cacaoyer, atteindre cette taille, qui gênerait la cueillette des fruits. Les feuilles sont d'un beau vert foncé et luisant en dessus, légèrement ondulées sur les bords, plus claires en dessous. Les fleurs, groupées en bouquets circulaires à l'aisselle des feuilles, garnissent ainsi presque toute la longueur des rameaux. Elles sont d'un beau blanc mat, légèrement odorantes, et ressemblent un peu à celles du jasmin d'Espagne. Le fruit, de la grosseur d'une petite olive, est d'abord vert ; à la maturité, il devient d'un beau rouge, ce qui lui a fait donner le nom de *cerise* du café. Dans la chair pulpeuse et légèrement sucrée de ce fruit se trouvent deux graines qu'on appelle *fèves* aux colonies, opposées l'une contre l'autre par leur partie plane, dures, ou plutôt cornées, et enveloppées d'une membrane translucide, coriace, parcheminée, qu'on nomme la *parche* du café. Débarrassée de sa pulpe et de sa parche, cette graine constitue le *café* du commerce. Elle est alors recouverte encore d'une très mince membrane plus ou moins adhérente, dont on la débarrasse par le brossage, qui lui donne en même temps une apparence lustrée plus agréable à l'œil.

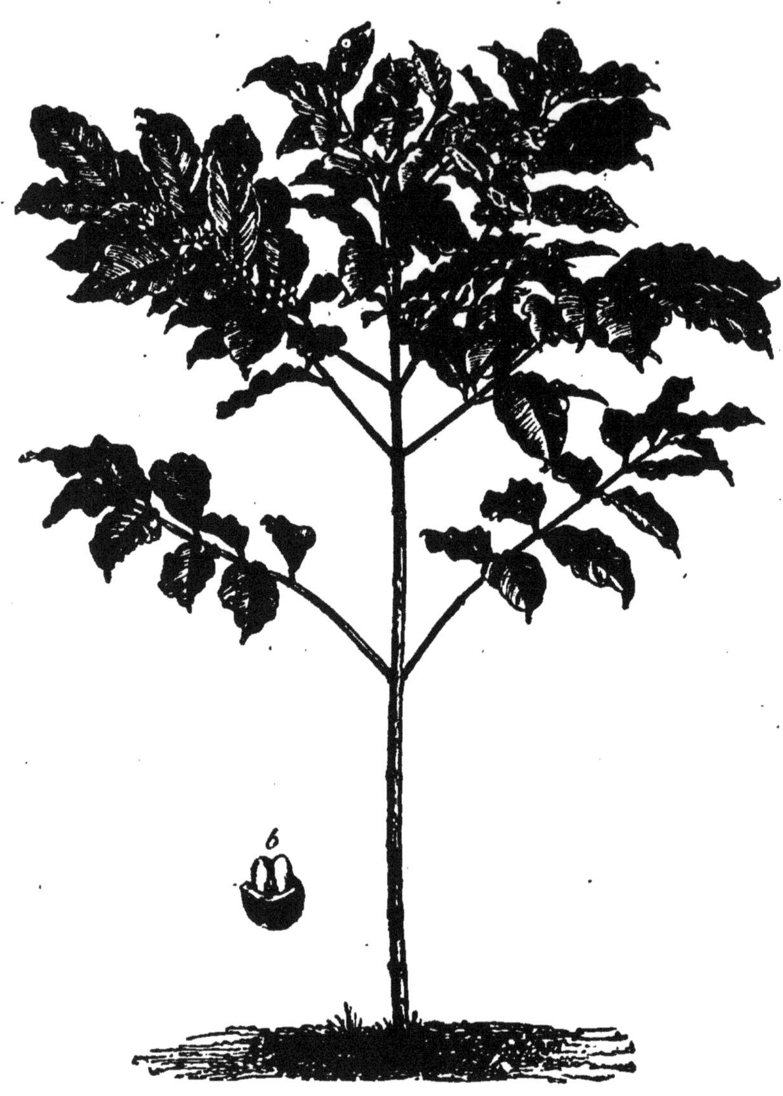

Caféier. — *b*. Cerise du café.

Le café peut se cultiver aux colonies dans des régions où la température ne s'abaisse jamais au-dessous de + 10° et ne dépasse que rarement + 30°. Il aime les sols profonds, un peu en pente, et l'ombre légère qui l'empêche d'être grillé par le grand soleil. Il semble redouter le vent de la mer et les terrains trop secs ou trop humides. On le sème en bonne terre meuble en pépinières. Il faut, pour qu'il « lève », de quatre à six semaines. On le sarcle soigneusement jusqu'à l'âge d'un an ou un peu plus; on le replante alors sur place, en quinconce, à une distance moyenne de 3, ou mieux de 4 mètres. Pendant trois ans on se borne à l'entretenir et à le débarrasser des mauvaises herbes. La quatrième année, il commence à fleurir et à rapporter des fruits. C'est alors que, pour rendre la cueillette plus facile, et pour obliger la sève à se répartir latéralement, on arrête sa croissance verticale en « l'étêtant » à $1^m,50$ ou 2 mètres de haut, selon l'espace que l'on a laissé entre les pieds. L'arbrisseau fleurit toute l'année, mais surtout vers les saisons qui correspondent, aux colonies, comme température, au printemps et à l'automne. Il faut environ quatre mois au fruit pour se former. On le cueille quand il est d'un beau rouge sombre, et cette cueillette dure une grande partie de l'année.

Les fruits récoltés sont préparés, suivant les pays d'origine, et souvent, dans une même colonie, suivant les producteurs, de façons très différentes.

Les uns entassent les fruits dans une vaste caisse de bois très large, placée à l'abri de la pluie sous un hangar bien aéré. Les graines se trouvent ainsi étalées en couches peu épaisses, de 18 à 25 centimètres de haut. On les remue souvent à l'aide d'un râteau de bois, pour les empêcher de s'échauffer et de subir une trop forte fermentation. Elles deviennent rouge noirâtre, puis noires, et se trouvent, au bout d'un temps plus ou moins long, suivant la température, tout à fait sèches. On parachève cette dessiccation en les exposant au grand soleil. Le grain peut alors être mis en sac et se conserver indéfiniment. Il est à remarquer qu'en vieillissant ainsi dans la cerise, il gagne en qualité et prend, à la torréfaction, un arome des plus suaves. Quand on veut livrer le café au commerce, on le passe dans une machine spéciale qui brise l'enveloppe et met à nu le grain : c'est [illegible] décortiquement qui remplace avantageusement l'ancien mortier de bois des planteurs. Le café ainsi préparé est de très bonne qualité.

D'autres producteurs « gragent » le café, comme on

Récolte du café.

dit aux colonies, c'est-à-dire qu'à l'aide d'une machine appelée « grage », ce qui, en créole, veut dire râpe, ils déchirent et arrachent la pulpe fraîche de la *cerise* du café, en respectant la seconde enveloppe, ou *parche,* qui contient le grain. L'opération est facilitée par un filet d'eau qui circule dans la masse et entraîne les débris de pulpe. On fait ensuite sécher au soleil le grain dans la parche, qui prend une belle couleur jaune, tandis qu'à l'intérieur le café prend une teinte verte spéciale très estimée. Avant de le livrer au commerce, on détruit la parche en pilonnant doucement les grains dans un mortier de bois, puis on vanne. On a ainsi le café grागé, qui est aussi de bonne qualité, quoique, de l'avis de beaucoup, moins fin que le précédent.

Un troisième mode de préparation consiste à faire macérer les fruits en tas dans de l'eau pendant un, deux et même trois jours, suivant la température. La pulpe se ramollit, se décompose et s'enlève très facilement.

C'est le « café lavé », que l'on fait ensuite sécher au soleil ou au grand air. Il est moins estimé que le précédent et possède une couleur moins agréable, plus jaunâtre.

Le rendement du café varie suivant les pays et les qualités du sol où on le cultive. A quatre ans, un pied peut rapporter 250, 300 et même 500 grammes de grains secs. A cinq ans, le rendement augmente. A huit ans, l'arbre donne sa plus forte production, soit 1 kilogramme ou 1kg,250. Cette production peut durer une quinzaine d'années, puis elle diminue; l'arbre s'affaiblit, alors il est préférable de le remplacer, parce qu'en vieillissant il devient susceptible de contracter plus facilement plusieurs maladies qui se propagent alors aux sujets valides. Il est évident que plus les récoltes sont hâtives et abondantes au début, plus vite vieillit la plante. Sous bois, on peut placer environ 500 pieds de caféier à l'hectare. En l'abritant avec des essences plantées et d'ombre légère, on arrive à 625 ou 650 pieds. En le serrant davantage, en flanc de coteau, à l'exposition du levant, avec des bananiers dans les intervalles, on arrive à 800 pieds à l'hectare. En serrant davantage encore, on s'expose à diminuer et le rendement et la durée du végétal. En plaine, sans abri, le café ne dure pas longtemps, et les récoltes sont souvent compromises par le soleil et les grands vents. Les diverses dispositions que nous venons d'indiquer permettent, à la huitième année, une récolte de 500 kilogrammes à l'hectare dans le premier cas, de 625 à 650 kilogrammes dans le second, de 800 dans le troisième; dans le quatrième cas, le rendement est très variable.

Les pays d'où nous tirons le café sont très nombreux, et vous en connaissez, de nom, un grand nombre. L'espèce la plus recherchée, le *moka,* nous vient d'Arabie, des bords du Yémen et des environs d'Aden. Il doit son nom au port principal d'embarquement, *Moka,* près de l'embouchure du Yémen. Viennent ensuite : le *java,* des colonies hollandaises; le *bourbon,* de l'île de la Réunion; le *cayenne,* qu'on récolte à la Guyane française, mais qui est très rare; le *martinique,* plus rare encore : en réalité, on vend sous ce nom les cafés de la Guadeloupe; enfin, depuis quelque temps, le café de la Nouvelle-Calédonie, qui se place parmi les meilleurs. Nos colonies africaines commencent également à cultiver le café sur la côte occidentale.

On prétend que le café est originaire de la haute Éthiopie. On raconte qu'un moine arabe remarqua le premier les propriétés excitantes de ce végétal. Ses chèvres, en effet, lorsqu'elles avaient brouté les feuilles et les fruits du caféier, gambadaient d'une façon insolite et présentaient une telle vivacité qu'il devenait difficile de les faire rentrer à l'étable. Comme notre moine ne pouvait se livrer, sans s'assoupir, à ses prières nocturnes, il résolut de chasser le sommeil à l'aide d'infusions de café. Telle est la légende. Le café se répandit d'abord dans tous les pays mahométans par l'intermédiaire des pèlerins qui reviennent chaque année de la Mecque. Ce n'est qu'en 1615 que le café, pourtant connu par les descriptions qu'en donnèrent les voyageurs qui avaient pénétré en Orient, arriva en Europe, à Venise, dit-on. A Marseille, on en consommait déjà en 1654. En 1667, le voyageur Thévenot l'introduisit à Paris. Les ambassadeurs de Mahomet IV dans cette ville en firent goûter à quelques seigneurs de la cour, et, en 1669, l'Arménien Paskal ouvrit le premier café public en France. L'histoire nous apprend qu'il ne réussit point et qu'il dut aller à Londres continuer son commerce. Le café, en effet, resta pendant longtemps en France une boisson de luxe, réservée à la table des riches. Bien plus, les médecins d'alors le condamnèrent, comme nuisible à la santé. Il n'en fallut pas davantage pour lui donner une vogue que les plus grands éloges n'auraient pu lui créer. Chacun en voulut boire. En 1680, le Sicilien Procope fondait, dans la rue des Fossés-Saint-Germain, un bel établissement où l'on vendait le café au public. Cet établissement, qui prit le nom de café Procope, devait vivre plus de deux cents ans.

La première colonie française qui ait possédé des plants de café est la Guyane, où, sous le gouvernement de M. de La Mothe-Aigron, vers 1721, des déserteurs, espérant obtenir leur grâce, rapportèrent quelques pieds vivants de Surinam à Cayenne. En 1774, le bailli d'Amsterdam en envoya quelques plants à Louis XIV, qui les fit soigneusement entretenir au Jardin des Plantes. C'est de là que le capitaine *Desclieux* les transporta à la Martinique. Pressentant l'importance qu'aurait dans l'avenir cette culture pour nos colonies, il entoura ces plants de tous ses soins. La traversée fut longue et souvent contrariée par les vents; le navire se trouva même pris par les calmes; la provision d'eau fut vite épuisée, et l'on dut rationner les passagers. Desclieux n'hésita pas à partager sa minime portion d'eau avec les plants qu'il emportait, et finit par en sauver un, qui parvint vivant à la Martinique. Grâce au dévouement de ce capitaine, de cet unique plant sortirent tous ceux qui se répandirent plus tard dans cette colonie, puis dans toutes les Antilles. Depuis, le café s'est répandu à Saint-Domingue, à la Réunion et, plus récemment, en Nouvelle-Calédonie, où l'ont introduit des colons originaires de Bourbon.

3. Le Thé.

Le thé, que vous ne connaissez que sous la forme de grains noirâtres ou d'un noir verdâtre, irréguliers et comme chiffonnés, qui ne sont en réalité que des feuilles roulées et séchées, comme vous avez pu vous en apercevoir en étalant sur une assiette ce qui reste au fond de la théière, provient d'un arbuste de la famille des Ternstrœmiacées, voisin des camélias, que vous devez connaître. C'est un arbuste à jolies fleurs blanches, à feuilles dentées sur les bords, qui peut atteindre 1^m,50 et 2 mètres de haut. Le fruit est une capsule sèche, jaunâtre, presque globuleuse, présentant deux ou trois loges, dans l'intérieur desquelles se trouve une graine huileuse et amère. Le port général de l'arbre rappelle celui du camélia.

Vous savez tous que le thé est originaire de la Chine, et que c'est de cette vaste contrée surtout que nous viennent les *sortes*[1] les plus estimées. C'est de là que la culture s'est répandue dans plusieurs autres régions chaudes. Cependant le thé, qui semble préférer les terres sablonneuses sans cailloux, légères, ni trop sèches ni trop humides, ne paraît pas souffrir des températures très basses, et se rencontre même dans les zones où tombe de la neige pendant l'hiver.

On plante le thé de semis en plaçant le contenu d'un fruit, c'est-à-dire trois ou quatre graines, dans un trou contenant du fumier de ferme et des cendres à une faible profondeur ; on recouvre le tout de terre meuble. Les trous sont espacés de 1^m,50 à 2 mètres, dans un sol préalablement labouré et soigneusement sarclé. Au bout de trois ans, on commence à récolter les feuilles. Une plantation dure de trente à trente-cinq ans.

Il y a, vous le savez, deux principales espèces de thé :

1. Espèces, genres.

le thé noir et le thé vert. Chacune de ces espèces se subdivise en une infinité de variétés, différant par la couleur, le parfum, le goût et l'action qu'elles exercent sur l'organisme. Cette différence de couleur provient non pas du plant, mais du mode de préparation qu'on fait subir à la feuille.

Il n'entre guère dans le cadre d'une notice aussi rapide de vous donner des renseignements détaillés sur la préparation du thé. Néanmoins il est indispensable que, sans charger votre mémoire de détails fastidieux, vous connaissiez, au moins succinctement, les manipulations que subit la feuille avant d'être livrée au commerce.

Le thé vert est formé de feuilles sans queue, ou, pour parler plus scientifiquement, cueillies sans leur pétiole. A peine la fleur est-elle cueillie qu'on la jette, en masses d'environ $1^{kg},500$, dans des bassines chauffées au rouge sombre, où on la remue constamment à l'aide de bâtonnets de bambou. Elle se ramollit alors et devient flasque. Au bout de trois minutes environ, on vide la bassine dans des corbeilles où les feuilles sont vannées et exposées à un courant d'air rapide. A peine refroidies, elles sont roulées entre les mains et agglomérées en petits paquets qu'on place au soleil pendant quelques minutes. Elles sont alors reprises, étalées de nouveau, puis pétries, malaxées entre les doigts. Cette opération se renouvelle trois fois. Elles sont alors jetées dans des bassines très chaudes, et on les agite jusqu'à ce qu'elles soient sur le point de griller. On les tasse alors dans un sac où on les pétrit et dans lequel on les piétine continuellement, de façon à diminuer le volume du contenu, qui, comprimé, se prend en une masse dure et épaisse. On les laisse ainsi jusqu'au lendemain, et c'est alors seulement qu'elles subissent la dernière préparation. On les jette dans des bassines où on les laisse se recroqueviller entièrement, puis on les emballe dans des paniers de bambou où elles doivent séjourner six mois. C'est la première série des manipulations.

Six mois après, avant de les livrer au commerce, on

déballe les feuilles et on les expose à l'air, où elles reprennent un peu d'humidité. Dès qu'elles sont ramollies, on les soumet à la chaleur de la bassine en les agitant constamment. On les divise alors, à l'aide de tamis appropriés, en gros thé, thé moyen et petit thé. Par le vannage, on

Arbre à thé.

sépare chacun de ces choix des poussières et des déchets qui s'y trouvent mêlés, et l'on emballe pour la vente. Avant le dernier passage à la bassine, on a eu soin d'ajouter aux feuilles, pour en accentuer la couleur gris verdâtre, de l'indigo et du plâtre.

Le thé noir est cueilli avec les pétioles. Les feuilles récoltées sont exposées à l'ardeur du soleil pendant environ deux heures. Elles sont ensuite meurtries entre les mains, malaxées et roulées en boules, puis déroulées et étendues de nouveau au soleil. On renouvelle cette opération à plusieurs reprises. La feuille s'assouplit, se ramollit et noircit. On jette dans les bassines, on agite vivement, puis on remet en boules. Cette opération est également répétée quatre ou cinq fois. Les feuilles sont alors isolées et étalées sur un tamis, que l'on place au-dessus d'un feu clair. Après cette dessiccation sur le crible, on procède au triage élémentaire; on sèche de nouveau au tamis, et ainsi de suite, jusqu'à trois fois. Quand les feuilles sont devenues très fragiles, on les vanne et on les emballe. On a eu soin d'ajouter, dans l'intervalle de ces opérations, des fleurs odorantes, destinées à augmenter le parfum du thé. Ce sont généralement des fleurs de camélia, d'oranger et de jasmin, qu'on mélange à la masse, suivant la qualité spéciale de l'espèce préparée.

Branche et fleurs de thé.

Les thés verts, une fois emballés, ne sont livrés au

commerce qu'au bout d'un an ; les thés noirs, au bout de quinze à dix-huit mois.

L'action du thé sur l'économie est bienfaisante en général, mais elle diffère suivant l'espèce employée. Le thé noir est un excitant qui « charme, mais n'enivre point ». Le thé vert provoquerait plus facilement de légers trou-

Préparation du thé.

bles nerveux. En général, le thé est une boisson salutaire, qui facilite la digestion et les travaux intellectuels.

L'histoire du thé à son origine est très obscure. On sait seulement qu'il est cultivé, par les Chinois et les Japonais, depuis la plus haute antiquité. Les Hollandais furent les premiers qui en introduisirent l'usage en Europe. C'est vers le milieu du XVIIe siècle qu'il commença à être consommé en Angleterre. Les Russes, dont les possessions confinent à la Chine, devaient le posséder depuis longtemps. C'est la Russie et l'Angleterre qui en font la consommation la plus considérable.

La culture du thé n'est pas restée exclusivement entre les mains des Chinois. L'Inde anglaise en cultive de grandes quantités. On l'a introduit également avec succès dans les colonies du Tonkin, de l'Annam et du Cambodge; mais l'exploitation n'en est encore qu'à la période des essais, et, jusqu'à présent, nous achetons nos thés à la Chine et à l'Angleterre. Il faut espérer qu'un jour viendra où nos colonies de l'extrême Orient suffiront à la production du thé nécessaire à la France, et trouveront dans cette culture une nouvelle source de revenus.

4. Le Sucre, la Canne à sucre, la Cassonade, la Mélasse, le Tafia et le Rhum.

Le sucre venait autrefois des colonies, où on le tirait de la *canne à sucre*. Par suite de circonstances qui vous seront exposées plus bas en faisant l'historique du sucre, cette substance est tirée aujourd'hui en grande partie de la betterave, et l'industrie sucrière est en décadence dans nos colonies, qui emploient surtout leur jus à la fabrication des rhums.

La canne à sucre est une plante élégante, de la famille des Graminées, à laquelle appartiennent, vous le savez, le blé, l'avoine, l'orge, le chiendent, le maïs, le bambou, etc. La canne à sucre peut atteindre plus de 5 mètres de long. Les feuilles, comme dans la plupart des types de sa famille, se remarquent surtout vers l'extrémité supérieure de la tige. Sur le reste de la plante elles se dessèchent et tombent à mesure que celle-ci se développe. L'ensemble des fleurs, qui sont groupées en épi lâche et élégant, très ramifié, en panicule, pour parler comme les botanistes, peut atteindre jusqu'à 1 mètre de long, et présente la forme d'une aigrette blanche et soyeuse du plus gracieux effet. La tige, verte, rouge ou violette, suivant les espèces, est cylindrique, divisée en entre-nœuds réguliers, pleine et filandreuse à l'intérieur; elle est gorgée d'un liquide sucré et assez agréable au goût.

La canne à sucre ne se reproduit pas de graines, mais de boutures. Ces boutures sont choisies à l'extrémité de la canne, ou tête de canne, dans la partie supérieure, où les entre-nœuds se trouvent plus rapprochés et se terminent par un bouquet de feuilles vertes. Les boutures, de 40 à 50 centimètres de long, sont placées en terre, à demi inclinées, plutôt que debout, afin de multiplier les points de naissance des racines et des nouvelles tiges, et écartées les unes des autres de 90 centimètres à 1 mètre. On choisit de préférence pour la plantation un jour pluvieux qui assure la reprise. Au bout d'un mois, la jeune canne commence à pousser. On entretient le champ libre des mauvaises herbes, et l'on « butte » chaque plant avec soin. Au bout de six à huit mois, on supprime les bourgeons qui poussent à la base, et qui pourraient nuire au développement des tiges déjà formées. Vers le dix-huitième mois on récolte, c'est-à-dire que l'on coupe les cannes à 5 centimètres environ au-dessus du sol. Ces souches laissées en terre repoussent d'elles-mêmes de nouvelles tiges, surtout si le sol a été bien entretenu, fumé et, si possible, inondé quel-

Canne à sucre. — *a*. Tronc.

ques jours après la récolte. Grâce à ces précautions, on peut récolter dans le même terrain et sur mêmes souches pendant plusieurs années consécutives.

Les cannes coupées sont portées au moulin, qui les presse, les écrase et en fait sortir le jus sucré. Ce moulin est très variable de forme et de disposition. Ce sont tantôt des cylindres verticaux cannelés entre lesquels les tiges sont entraînées et broyées; tantôt d'énormes masses cylindriques de fonte dont l'écartement peut être réglé à volonté, et entre lesquelles la canne se trouve aplatie. Le liquide exprimé, auquel on donne le nom de « vesou », s'écoule sur une table inclinée et se rend, par des rigoles, dans un vaste réservoir où on l'emmagasine. Le vesou contient 21 à 22 0/0 de sucre, 77 à 78 d'eau, et le reste de sels et de matières organiques. Les cannes pressées sont séchées à l'air et au soleil et prennent le nom de « bagasses ». On les emploie comme combustible; on les donne au bétail, qui les mange avec avidité, à cause des traces de sucre qu'elles contiennent encore; enfin elles constituent un assez bon engrais. Le rendement des cannes en vesou est de 50 0/0 avec les anciens moulins, et de 60 à 65 et même à 70 0/0 avec les cylindres puissants qu'on emploie aujourd'hui.

Le vesou, très riche en matières azotées, fermenterait rapidement s'il était abandonné à lui-même. A la sortie du moulin, il passe du réservoir dans une vaste chaudière de cuivre, où il est soumis à une chaleur d'environ 60°. On active peu à peu le feu, et l'on amène le liquide jusqu'à l'ébullition. On y jette aussitôt une proportion déterminée de chaux, qui s'unit aux sels, aux substances azotées et aux matières colorantes pour former des composés insolubles qui viennent flotter à la surface du liquide avec les écumes. Ces écumes sont soigneusement enlevées. Dès qu'elles ont cessé de se former, c'est-à-dire, en général, au bout d'environ quarante minutes, on transporte le vesou du clarificateur dans une seconde cuve propre où, après avoir reposé une heure environ, il subit une nouvelle ébullition qui lui fait jeter encore un peu d'écume. Il passe alors dans une troisième cuve, où l'on peut reconnaître, à sa limpidité et à sa couleur, si l'on a ajouté assez de chaux pour le bien clarifier. S'il est suffisamment limpide, on lui fait subir la « cuite », c'est-à-dire qu'on le chauffe assez pour le priver d'une partie de son eau, le

Récolte des cannes à sucre.

concentrer et le transformer en sirop. Quand il est devenu très épais, on le passe dans des cristallisoirs, dont la forme varie suivant les progrès réalisés dans les pays de fabrication.

La méthode la plus primitive consiste à verser le sirop, préalablement refroidi par un séjour de quelques instants, dans une large bassine, dans des tonneaux percés de trous munis de bouchons. Dans ces tonneaux, l'ensemble du sucre se prend en cristaux irréguliers :

on enlève les bouchons, et, par les trous, s'écoule la partie du sirop non cristallisée, que l'on fait concentrer à nouveau par cuisson pour en extraire le sucre cristallisable. Quand tout ce sucre est extrait, il ne reste plus qu'une masse noire, visqueuse, odorante, qu'on appelle la mélasse, que vous connaissez bien, et que l'on emploie pour la fabrication du rhum. Le sucre, bien égoutté et séché, est expédié en France sous le nom de « cassonade » ou sucre brut. Il est alors livré aux raffineurs, qui le transforment en beau sucre blanc et dur en pains. On procède, en général, dans les raffineries, de la façon suivante. La cassonade est dissoute dans de l'eau bouillante, à laquelle on ajoute du noir animal, qui décolore la masse, et du sang de bœuf, qui, en se coagulant, précipite toutes les impuretés. On fait passer ensuite le liquide sur des filtres de toile chargés également de noir d'os. Le sirop, ainsi décoloré et purifié, est débarrassé de l'eau qu'il contient encore par une forte ébullition ou « cuite ». On le maintient alors à une température très élevée dans un « réchauffoir », où on le puise pour le verser dans des « formes », sortes de sacs de feutre pointus où il cristallise lentement, en abandonnant par la pointe, qui est percée, le sirop non cristallisé. Le pain de sucre ainsi formé est séché à l'étuve, enroulé dans du papier et livré au commerce. On compte que 100 de vesou donnent 12 à 15 de sucre par l'ancien procédé, et 18 à 22 par les nouveaux.

Les anciens connaissaient déjà le sucre, qu'ils appelaient du nom pittoresque de miel de roseaux ou de sel de roseaux. Mais ils n'en faisaient pas ordinairement usage, et le remplaçaient communément par le miel de leurs ruches. D'autre part, les Chinois, paraît-il, connaissaient dès la plus haute antiquité l'extraction, l'épuration et le blanchiment du sucre. On croit que le sucre fut introduit pour la première fois d'Arabie en Europe à l'époque des premières croisades. Cette substance fut longtemps fort chère, et, comme elle venait en Europe de l'Inde par Alexandrie, les Vénitiens en avaient le monopole exclusif.

La découverte de la route maritime des Indes par Vasco de Gama, qui franchit le premier le cap de Bonne-Espérance, fit passer ce monopole aux mains des Portugais. Vers la fin du XIIIe siècle, la canne à sucre fut cultivée en Arabie, puis en Égypte, et même en Sicile et en Espagne. C'est vers 1506 que la canne fut introduite à Saint-Domingue, et de là dans les autres colonies. L'Amérique devint un des pays les plus producteurs de cette denrée.

Mais, sous Napoléon Ier, et pendant le blocus continental, l'importation du sucre des colonies en Europe devint impossible. On chercha alors à l'extraire de plantes indigènes. Le chimiste allemand Achard trouva le premier un procédé pratique de cette extraction. On le tirait surtout de la betterave. Ces procédés furent perfectionnés rapidement par des chimistes français, et notamment par Chaptal. L'application, faite en grand, réussit pleinement. La culture de la betterave se répandit bientôt, surtout dans le nord de la France, où l'industrie sucrière s'organisa. Depuis, le sucre de betterave a rivalisé avec celui de canne. Plus tard l'abolition de l'esclavage, en privant les planteurs d'une main-d'œuvre à bon marché, porta le dernier coup à une industrie qui depuis se maintient à peine et languit.

Les colonies qui envoient en France le sucre brut sont la Guyane française pour une faible quantité, la Martinique, la Guadeloupe, la Réunion, Mayotte, Nossibé, la Cochinchine, le Tonkin, la Nouvelle-Calédonie et enfin Tahiti.

Le rhum, qui vient de la Guadeloupe, de la Martinique, de la Réunion, de la Nouvelle-Calédonie et de la Guyane, est le produit de la distillation du suc fermenté de la canne à sucre. Mais les produits divers de la distillation de la canne à sucre sont assez variés, et il est bon que vous les connaissiez.

On peut faire fermenter le vesou, et alors on obtient, par distillation, un alcool limpide, d'assez bon goût, qui s'améliore beaucoup en vieillissant, et qu'on appelle dans certaines colonies arack ou rack, surtout à Bourbon.

Si l'on fait fermenter les débris de la canne pressée au moulin qui contient encore une certaine quantité de sucre, on a un alcool appelé tafia, qui gagne aussi en vieillissant, mais n'est jamais aussi fin que l'arack. On obtient aussi le tafia en distillant les sirops fermentés; enfin, et c'est ce qui arrive le plus communément, on fait fermenter les mélasses et les déchets de sirops, et on les distille pour obtenir l'alcool de cannes qu'on est convenu d'appeler tafia quand il est jeune, rhum quand il a vieilli. En général, on peut dire qu'aux colonies le *tafia* est le produit *récent* de la distillation de la canne à sucre, soit en déchets, soit en sirops, soit en mélasses. Le *rhum*, au contraire, est le même produit, mais *vieilli*, modifié par un séjour plus ou moins prolongé dans des récipients spéciaux, et par certaines manipulations. C'est la couleur d'abord qui se transforme, et passe au brun plus ou moins foncé par le contact avec le bois des tonneaux. C'est le goût qui s'affine et devient plus délicat par la disparition de certains principes volatils. Autrefois, à la Jamaïque, le tafia se conservait dans des outres de cuir de bouc qui lui communiquaient un arome spécial et un goût particulier et qui lui donnaient, avec une coloration plus foncée, une certaine quantité de tanin. Le rhum avait, comme on dit encore aujourd'hui, le goût de *savate*. Ces modifications n'avaient lieu qu'avec le temps. Depuis, on cherche à transformer plus rapidement les tafias en rhum, en les emmagasinant dans des fûts, en y ajoutant des mélasses des rognures de cuir neuf, du thé, etc. Le vrai rhum n'est donc que du tafia vieilli en barriques et amélioré par l'âge.

Les cassonades, vous l'avez vu, sont des sucres bruts, bruns ou blonds, ou même blancs, mais non cristallisés en pains, que l'on utilise pour la préparation des sirops et pour la fabrication des sucres raffinés. Dans ce dernier cas, on les raffine directement, comme cela a lieu à Marseille, ou bien on les mélange avec les sucres bruts de betteraves, produits en France.

5. Le Riz.

Le riz, dont la consommation est considérable en France, appartient également à la famille des Graminées. Tel que nous le connaissons, c'est la graine mondée d'une herbe de 1 mètre à 1^{m},20 de hauteur, à feuilles planes et rudes, dont les fleurs se présentent en panicules rameuses, à chaume cylindrique, à graines munies d'une enveloppe rugueuse au toucher. Cette plante est propre aux pays chauds et présente de nombreuses variétés différant par la grosseur, la couleur, le goût, l'abondance du grain.

Riz.

Le riz ne croît bien que dans les sols marécageux ou humides, dans les terres riches, alluvionnaires, et exige de quatre à cinq mois d'une chaleur égale, soutenue, avec beaucoup de soleil. On le cultive donc, soit dans des marais naturels, soit dans des champs en plaines où l'on a aménagé un système d'irrigations suffisantes pour que la plante soit à peu près constamment plongée en partie dans l'eau. C'est vous dire que, dans les zones exposées aux fortes chaleurs du soleil, cette culture est particulièrement insalubre. En résumé, il faut au riz une exposition et un climat chauds, de vastes plaines faciles à inonder, des eaux abondantes, non saumâtres, et, autant que possible, chargées de principes organiques en décomposition, qui puissent nourrir le végétal en maintenant l'humidité du sol. Les procédés de culture diffèrent sensiblement, suivant les pays de production, mais peuvent être tous ramenés aux conditions que je viens de vous énumérer. Le travail le plus pénible et le plus coûteux est sans contredit l'installation de la rizière. Il faut assurer d'abord le nivelage du sol, qui est indispensable pour permettre à l'eau de se répandre partout bien également. Lorsqu'on se trouve en présence de terrains en pente, on les subdivise, au moyen de digues, en compartiments qui communiquent entre eux par des vannes mobiles. Le sol est d'abord inondé, de façon à en rendre la consistance molle et vaseuse. On laisse ensuite écouler l'eau, et l'on aplanit soigneusement, à l'aide de planches, la surface destinée à recevoir le grain. Le grain de riz destiné à la semence n'est pas celui que vous connaissez, blanc, bien dépouillé de sa paille ou, comme on dit, de ses *glumes*. Il est enveloppé de sa paille, à peu près comme l'orge non perlé. On place ces grains en sacs, que l'on plonge dans l'eau pendant environ une journée, de façon à les ramollir et à les gonfler. La quantité de semence employée est d'environ 200 litres à l'hectare. On sème à la volée, comme chez nous pour le blé, et l'on fait ensuite pénétrer lentement l'eau dans les compartiments. La vase du fond se dilue et recouvre la semence. On abaisse alors le niveau de l'eau, qui, en couche plus mince, s'échauffe plus facilement aux rayons du soleil et hâte la germination. Les premières feuilles paraissent bientôt, et, à mesure qu'elles s'élèvent, on fait pénétrer l'eau de plus en plus, jusqu'à environ 15 centimètres. Dans l'intervalle, on débarrasse soigneusement la rizière des herbes qui ont pu s'y développer en même temps que le riz. C'est une opération très pénible, puisque le travailleur y procède les pieds enfoncés dans la vase, sous un soleil ardent qui se reflète sur l'eau. On enlève ensuite les plants trop serrés pour les « repiquer », par trois ou quatre à la fois, dans des compartiments encore vides. Le riz fleurit au bout de trois mois et demi en moyenne. La floraison dure un mois ou deux. Les panicules prennent une couleur jaune qui indique que la maturité du grain est proche. On fait alors évacuer les caux, et on procède à la récolte comme pour le blé, à la faucille et en gerbes. Il faut donc en moyenne six mois pour avoir une récolte. Le rendement est d'environ 1,000 kilos de riz brut par hectare dans les bons terrains.

A peine récolté, le riz est battu au fléau, comme le blé; puis le grain, étroitement enveloppé dans ses glumelles, est décortiqué, soit sous des mortiers de bois, à l'aide de pilons mus par une roue hydraulique, soit à l'aide de machines plus perfectionnées. Un autre procédé consiste à injecter de la vapeur d'eau bouillante dans la masse du riz qui se ramollit légèrement. On l'étend ensuite au soleil ardent où, brusquement séchées, les glumelles tendent à se détacher plus facilement. Il suffit ensuite de passer au pilon.

La Cochinchine est celle de nos colonies où la culture du riz est le plus répandue. On y pratique les semis à part, dans le courant du mois de juillet, sur un sol préalablement ramolli et inondé. Au bout d'un mois et demi on repique les plants dans les terrains bas et inondés, dans le voisinage des rivières par exemple, dont les eaux, chargées de limon, sont réparties dans les champs par un ingénieux agencement de vannes.

Il existe une variété de riz qui ne nécessite pas d'aussi importants travaux d'irrigation. Le riz rouge, ou, comme on l'appelle à la Guyane, le riz de montagne, donne d'assez bons résultats dans ce cas. Il ne rapporte que 1,000 kilogrammes à l'hectare. Il réussit en bonne terre, dans les régions où il pleut souvent, dans les climats chauds et humides.

Le riz serait originaire de l'Inde, selon les uns, de la Chine, selon les autres. Quoi qu'il en soit, sa culture s'est d'abord répandue dans toute l'Asie chaude, la Cochinchine, l'Indo-Chine, l'Inde. Elle a pénétré dans l'Amérique du Nord vers la fin du XVIIe siècle, et même dans l'Europe, en Espagne et dans la Lombardie. C'est une culture malsaine, qui, en maintenant de vastes espaces limoneux sous le soleil brûlant, engendre des émanations délétères ; elle décime même la population noire de la Caroline. Le riz est le pain de l'Inde, de la Chine, de la Cochinchine et de l'Indo-Chine. Mais il est moins riche en matières azotées que le blé; il ne contient pas de gluten, mais surtout de la fécule. C'est cette fécule tamisée et blutée qui donne la poudre de riz pour la toilette. La paille de riz est très employée dans la confection des chapeaux fins, sous le nom de paille d'Italie.

Les colonies qui produisent le riz sont : la Cochinchine, le Tonkin, les établissements français de l'Inde et Nossibé.

6. La Morue.

Une seule de nos colonies fournit à la France une partie de la morue qu'elle consomme. C'est Saint-Pierre et Miquelon, dans l'océan Atlantique, sur les côtes de l'Amérique du Nord et près des fameux bancs dits de Terre-Neuve, au sud de la grande île de Terre-Neuve, qui longe le Canada.

La morue, que vous connaissez tous sous la forme d'un poisson aplati, séché et salé, ne rappelle nullement le corps de l'animal tel qu'on le pêche.

La morue est un poisson de la famille des Gadoïdes, c'est-à-dire du *merlan,* que l'on vend sur nos marchés comme poisson de mer, et des *lottes,* qui remontent assez haut dans nos cours d'eau. C'est un poisson qui mesure de 70 centimètres à 1 mètre de long, d'un vert mêlé de jaune sur le dos, blanc sous le ventre, muni de trois nageoires dorsales, d'un barbillon charnu à la mâchoire inférieure, et d'une queue étalée, coupée droit. La morue habite de préférence les grandes profondeurs des mers du Nord, c'est-à-dire les régions froides de l'Océan. Elle y est tellement abondante que des milliers de navires, venus d'Europe et d'Amérique, s'y rendent tous les ans pour la pêche. En Europe, on la rencontre près du Danemark, sur le Dogger-Bank, sur les côtes d'Islande; en Amérique, aux bancs de Terre-Neuve, aux atterrages de

Saint-Pierre et Miquelon, et sur les côtes nord de la Nouvelle-Ecosse, au golfe de Saint-Laurent.

La pêche, à Terre-Neuve, a lieu dans les mois d'avril, mai et juin. Les bâtiments qui s'y rendent sont munis de bateaux pour la pêche des *amorces* ou *appâts,* qui consistent en mollusques et en poissons divers, tels que les équilles, les capelans et les harengs. Arrivé sur le lieu de pêche, le navire choisit le point qui lui paraît le plus favorable. Le long des bordages du navire sont fixés des tonneaux d'où l'on surplombe la mer. Le pêcheur s'installe, chaudement vêtu, dans ce tonneau, muni d'un double fond percé qui laisse écouler la pluie ou l'eau de mer

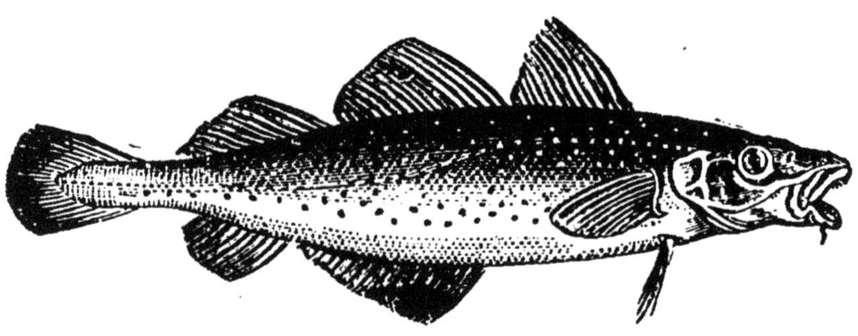

Morue.

et lui permet d'avoir les pieds secs. Muni d'une ligne en fort cordage de 100, 150 et même 160 mètres de long, que leste un fort saumon de plomb, de 4 à 6 kilogrammes, il adapte ses amorces et ses hameçons et agite continuel, lement sa ligne. Les hameçons ou *haims* sont attachés à une ligne de corde plus fine, de 5 à 10 mètres de long. qui continue la grande ligne de pêche. La morue est un poisson excessivement vorace, qui se jette avec avidité sur l'appât qu'il aperçoit, surtout lorsqu'il semble animé d'un mouvement quelconque. A une secousse spéciale, le pêcheur s'aperçoit que le poisson est pris. Il amène alors sa ligne, saisit le poisson avec une petite gaffe à crochet, et lui fixe la tête par derrière sur un petit instrument de fer qu'on appelle élangueur. L'animal reste immobilisé, la gueule ouverte. Le pêcheur lui arrache la langue, qu'il met à part, lui fend le ventre et en retire les entrailles, qui lui serviront d'appât. Puis, par-dessus le bordage, il jette le poisson sur le pont du navire. Là, il est saisi et porté sur une table, où un matelot lui coupe la tête, et passe le corps à un autre qui l'éventre complètement, le vide tout à fait, le nettoie et l'étale tout ouvert, après avoir enlevé l'arête principale ou épine dorsale. C'est ce qu'on appelle habiller la morue. Ainsi préparée, elle est jetée dans la cale, où d'autres travailleurs la reçoivent et la couchent sur un lit de sel. Les poissons pêchés sont ainsi empilés pendant un ou deux jours, ce qui permet à l'eau qu'ils contiennent encore et au sang de s'écouler. Au bout de ce temps, on reprend les morues, on en frotte rudement toutes les parties de sel, puis on les empile, avec du sel, dans de vastes barils. Le soir venu, les pêcheurs apportent toutes les langues qu'ils ont arrachées, et c'est ainsi qu'on se rend compte du nombre de morues pêchées par chacun dans la journée. Ce nombre peut s'élever, sur un bon banc et pour un bateau armé de quatre pêcheurs, à six cents poissons par jour. Les langues, à leur tour, sont salées. Elles forment, paraît-il, un mets délicat.

La morue, préparée comme nous venons de le voir, constitue la *morue verte,* qui se conserve moins facilement que la *morue sèche,* mais qui a un goût plus fin. Pour préparer la morue sèche, le bateau, une fois sa cargaison achevée, la débarque à terre. C'est dans la colonie même de Saint-Pierre que nos pêcheurs font cette préparation. Les morues sont étalées sur la grève, au soleil, pendant un jour. Le lendemain, on les expose de nouveau au grand soleil jusqu'à midi, puis on les empile trois par trois et on les laisse passer le reste de la journée au grand air. C'est ce qu'on appelle le second soleil. Le jour suivant, elles restent exposées au soleil toute la journée. C'est le troisième soleil. Elles sont alors empilés par huit à la fois, en ayant soin de placer les plus sèches en dessous. Après le cinquième soleil, on les empile en tas plus considérables; au sixième soleil, ces tas sont énormes et représentent environ une tonne de poisson. On laisse ces tas en place pendant dix à douze jours, puis on les démolit et l'on étale de nouveau les morues au soleil. On refait les tas en ayant soin de ne mettre en

Pêche de la morue.

dessous que les plus sèches. C'est le septième soleil. Le huitième soleil, ou huitième exposition des morues au soleil sur la grève, n'a lieu que quinze jours après. Un mois après, on donne le neuvième soleil, et enfin, au bout de quarante jours, on donne le dixième soleil. Les tas formés restent alors en place pendant sept à huit semaines. Le tout est étalé une dernière fois sur la grève, et l'on procède au choix des morues les plus sèches, bonnes à embarquer, que l'on enlève. Les autres sont mises à l'air jusqu'à complète dessiccation... On a ainsi la *morue sèche,* par opposition à la *morue verte,* qui a simplement subi une salaison.

La morue appelée *stockfisch* est séchée, non au soleil, mais sur des claies au-dessous desquelles on allume de grands feux qui dessèchent et fument en même temps le poisson.

La morue consommée fraîche, telle qu'on vient de la pêcher, porte le nom de *cabeliau* ou *cabillaud.*

On estime que le nombre des morues pêchées annuellement à Terre-Neuve s'élève à 36,000,000. Saint-Pierre et Miquelon en exportent chaque année pour près de 10 millions de francs.

C'est une pêche excessivement pénible, dans des mers très dures, sous un climat très froid, au milieu des brouillards et des averses glacées. Aussi a-t-on dit avec raison que la pêche de la morue, avec ses dangers et ses fatigues, était la meilleure école pour nos marins, qui en sortent aguerris et rompus aux mille misères des travailleurs de la mer.

7. Le Manioc et le Tapioka.

Le tapioca ou tapioka véritable n'est autre chose que de la fécule de manioc, transformée, par l'action de la chaleur, en une substance dure, transparente, qui possède la propriété de se gonfler dans l'eau sans s'agglutiner.

Le manioc est un arbrisseau de la famille des Euphorbiacées, originaire du Brésil. Ses racines, très développées en *rhizomes,* contiennent une quantité considérable de fécule. Le manioc, qui peut s'élever à 2 et même 3 mètres de haut, a le tronc ligneux, marqué de très fortes nodosités, formées par la cicatrice des feuilles tombées. Ces feuilles, d'un vert sombre, sont profondément divisées, ou, comme on dit en botanique, palmées à sept lobes, un peu blanchâtres en dessous. Les fleurs, d'un fauve verdâtre, sont en grappes et ne donnent point de graines fécondes, comme beaucoup de plantes que l'on a pris l'habitude de multiplier par boutures.

La culture du manioc est des plus simples. Dans un sol profondément ameubli par les labours, afin de permettre le libre développement des racines, on enfonce obliquement un fragment de tige de 40 à 50 centimètres de long environ, jusqu'aux deux tiers de sa longueur. Les nodosités enfouies poussent des racines, tandis que des feuilles et de petites branches s'élèvent de celles qui se trouvent au dehors. Le manioc redoute surtout une humidité prolongée. C'est pourquoi on évite de le planter dans les terrains sujets aux inondations ou aux infiltrations, et l'on préfère les pentes douces, qui laissent aux pluies un écoulement assez rapide. L'entretien consiste en quelques sarclages, et, quand la plante est bien développée, en un *buttage,* qui a pour but d'accumuler la terre meuble autour du pied. Au bout de quinze mois, en moyenne, on peut commencer à récolter les racines. Certaines espèces croissent en un an, d'autres même en six mois. Comme les racines de manioc ne se conservent pas longtemps à l'air, on les arrache à mesure des besoins, pour en extraire la fécule et le tapioka, ou pour les transformer en couac et en cassave.

Il faut que vous sachiez qu'il existe plusieurs espèces de manioc, qui forment deux grandes catégories : les maniocs dont la racine a un suc vénéneux, et les maniocs doux, dont la racine ne renferme aucun principe nuisible. Parmi les premiers, je vous citerai le manioc *maillé,* de la Guyane et des Antilles, qui ne demande que six mois pour se développer; le manioc *cachiri,* qui met dix mois à donner ses rhizomes et est originaire des mêmes colonies; le *maïpouri rouge,* dont les rhizomes ne sont bons à récolter qu'au bout de quinze mois et peuvent se conserver en terre, en s'accroissant, pendant deux et même trois années de suite. Parmi les maniocs non vénéneux, citons le manioc dit *cramanioc,* qui présente de nombreuses variétés, et dont les rhizomes peuvent être mangés sans préparation, tandis que, pour les espèces précédentes, il faut soigneusement enlever l'eau de végétation contenue dans ces mêmes rhizomes, et qui est vénéneuse. Ce dernier se développe en cinq ou six mois. Ces deux catégories de manioc, d'origine américaine, sont aujourd'hui répandues dans presque toutes nos colonies. Le manioc non vénéneux, cuit sous la cendre ou à l'eau, comme les pommes de terre, sert même de pain à beaucoup de nos colons de la Nouvelle-Calédonie.

On peut placer environ cinq mille pieds de manioc dans un hectare; mais il est préférable d'en mettre un peu moins, pour ne point épuiser le sol et pour obtenir de plus grosses racines. La bonne moyenne est de quatre mille pieds. Chaque pied peut donner deux, trois et jusqu'à cinq tubercules, dont l'un est généralement plus gros. Le poids moyen de ces tubercules est de 2 à 3 kilogrammes. La récolte moyenne donne donc de 25,000 à 30,000 kilogrammes de tubercules à l'hectare. Certaines espèces en bonne terre donnent jusqu'à cinquante tonnes de racines.

Voici comment on prépare, dans les colonies, le manioc vénéneux. Les racines, enlevées de terre, sont brossées et lavées à grande eau, puis débarrassées de la peau assez épaisse qui les enveloppe. Elles sont aussitôt râpées, ou, comme on dit à la Guyane, gragées sur la râpe ou grage, qui consiste souvent en une planche armée de petites dents de fer. La pulpe ainsi obtenue est soumise à une forte pression, qui a pour but d'expulser l'eau de végétation, soit au moyen de poids quelconques, dans une caisse percée de trous, soit, à la Guyane surtout, à l'aide d'un appareil très ingénieux, qu'on appelle la couleuvre [1], à cause de sa forme. Avec la paille dure et lui-

1. A la Guyane on donne le nom de couleuvre au serpent boa.

sante d'un roseau appelé *arouman* dans le pays, on tresse un long cylindre creux et lâche, qui, par le jeu des fibres entrelacées très obliquement, peut s'aplatir en s'élargissant, ou s'allonger considérablement en s'amincissant. On bourre la couleuvre de râpure de manioc, et on la suspend à une poutre ou à une branche d'arbre. L'extrémité inférieure, qui est fermée, se termine par une forte boucle à laquelle on attache des poids et de forts cailloux. La couleuvre, obéissant à ce poids, s'allonge peu à peu et, en s'amincissant, en diminuant de diamètre, comprime fortement de toutes parts la pulpe qu'elle renferme. L'eau est expulsée de la masse et s'écoule par les intervalles des mailles du tressage. En augmentant progressivement les poids, on fait sortir la presque totalité du liquide que contient la pulpe, et qui constitue la partie vénéneuse de la racine. Il est riche, en effet, en acide *cyanhydrique* ou *prussique,* dont vous devez connaître les redoutables propriétés. La pâte demi-sèche est alors prête pour les manipulations suivantes.

Si je vous ai cité ce procédé, c'est simplement à titre de curiosité, et à cause de l'ingéniosité que déploient les indigènes pour opérer cette pression à l'aide d'appareils très primitifs. Il est évident que ce mode d'opérer est très long et que, pour la fabrication de la fécule en grand, il faudrait avoir recours aux machines en usage dans nos féculeries, et qui commencent à pénétrer peu à peu dans nos colonies.

Pour obtenir la fécule, on délaye la pulpe dans l'eau claire, au-dessus d'un tamis fin, qui laisse seulement passer l'eau chargée de fécule et retient les fragments de racines. On laisse déposer cette fécule, on décante l'eau, et on la lave de nouveau, sur un tamis, à plusieurs reprises, jusqu'à ce qu'elle soit parfaitement blanche. On l'étale alors dans de grandes caisses en bois poreux qu'on expose au soleil, où elle se dessèche rapidement. Elle peut ainsi se conserver indéfiniment. C'est de cette fécule que l'on tirera le tapioka.

Le tapioka est envoyé brut en France, ou bien on se contente d'expédier aux fabricants la fécule sèche qui leur servira à la préparation du tapioka.

Des colonies, on expédie le tapioka sous deux formes : en grains ou en galettes. Voici comment on procède pour l'une et l'autre sorte.

Pour le tapioka en grains, on mouille la fécule de façon à la rendre pâteuse, puis on l'égoutte dans une toile serrée, jusqu'à ce qu'on puisse la casser en petits fragments solides : ces petits fragments sont projetés sur une plaque de fer ou de fonte chauffée jusqu'à 100°, où on les agite continuellement. Ils se durcissent peu à peu, se prennent en grumeaux blancs, translucides, à cassure vitreuse, qui deviennent bientôt très durs. C'est ainsi qu'on expédie le tapioka aux grands fabricants, qui le broient en petits fragments réguliers, que l'on crible et que l'on met en boîtes pour la vente.

Pour préparer le tapioka en galettes, on étale la fécule humectée et égouttée comme nous l'avons vu plus haut, en grandes masses, épaisses de 2 ou 3 centimètres, sur des plaques chauffées à la vapeur d'eau. Ce procédé est plus commode et plus rapide que le précédent. Les gâteaux ainsi étalés durcissent en masse et peuvent être expédiés, une fois bien cassants.

Pour faire directement le tapioka avec la fécule, on l'humecte et on en forme une pâte assez molle pour qu'elle puisse passer, sous pression, par les trous d'une forte passoire d'où elle sort à peu près comme le vermicelle, en longs fils qui se cassent et vont tomber sur une plaque de cuivre chauffée à la vapeur d'eau et agitée d'un mouvement régulier. Les fragments ainsi concassés s'arrondissent en se durcissant, et prennent la forme de très petites perles.

Les colonies qui cultivent principalement le manioc sont la Guyane, la Martinique, la Guadeloupe, la Réunion et la Nouvelle-Calédonie. Dans cette dernière colonie on fabrique même du tapioka d'excellente qualité.

Avant de quitter le manioc, dont nous n'utilisons en France que la fécule, il faut que vous sachiez que ses racines transformées servent à l'alimentation de la plus grande partie de la population de nos colonies américaines. Les noirs et les créoles de ce pays, en effet, consomment, en place de pain, le *couac* et la *cassave*.

Le couac, qu'on appelle farine de manioc aux Antilles, est la râpure du manioc cuite à feu doux, dans une marmite ou sur une plaque où on l'agite continuellement avec une spatule de bois. Quand la masse est bien sèche et a pris une belle couleur blonde, le couac est fait, et on n'a plus qu'à l'emmagasiner dans des barils bien secs, où il se conserve indéfiniment. Le couac se mange en guise de pain, humecté soit avec des sauces, soit simplement avec de l'eau.

La cassave est la râpure de manioc étendue, plus humide, en galettes sur la plaque chaude, où elle se prend en un grand gâteau mince, qui se dessèche peu à peu, et prend une belle couleur jaune très pâle. Ces galettes, de 50 à 60 centimètres de diamètre, se conservent indéfiniment à l'abri de l'air. On les mange également comme du pain.

La quantité de fécule contenue dans les racines mûres du manioc est d'environ 30 0/0. Mais on n'en tire guère que la moitié par les procédés primitifs des créoles. Avec des machines, on pourrait arriver industriellement à 28 0/0.

8. Le Sagou et l'Arrow-Root.

L'arrow-root (nom anglais qui signifie racine d'herbe à la flèche) est une fécule très fine, extraite du rhizome d'une plante cultivée surtout aux Antilles et à la Guyane, l'arrow-root, ou *Maranta Indica*. C'est une plante très répandue à la Guyane française, où les créoles la nomment *euvers*. C'est une plante qui donne de petits tubercules blancs, renfermant environ 50 0/0 d'une fécule fine et délicate. On la cultive dans les sols meubles et riches, où on la propage soit par *éclats* de tiges, soit par les tubercules. Le tubercule se conserve assez bien en terre, surtout si le sol est frais sans être humide; on l'arrache à l'âge d'un an ou d'un an et demi. La production est de 500 à 600 kilogrammes de tubercules à l'hectare. On tire environ 180 kilogrammes de fécule de ces tubercules, et ce qui reste donne un *couac* peu nourrissant, mais assez recherché. L'arrow-root est cultivé à la Guyane, à la Martinique et à la Guadeloupe.

Sagoutier.

Le sagou ne nous vient plus guère de nos colonies. C'est une sorte de tapioka très léger, très facile à digérer et, par suite, recommandé surtout aux malades. On l'extrait de la moelle féculente d'une plante nommée *Metroxylon læve.* Il nous arrive surtout des colonies anglaises et hollandaises.

CHAPITRE II

ÉPICES, AROMATES, CONDIMENTS

Les épices de provenance coloniale les plus employées sont : le poivre, les clous de girofle, la muscade, la cannelle.

Parmi les aromates nous citerons le gingembre et la vanille.

1. Le Poivre.

Le poivre est la graine desséchée d'une jolie liane cultivée dans les pays chauds, et principalement à la Guyane, aux Antilles et à la Réunion. Cette liane se plante de boutures, et on lui donne pour la soutenir des tuteurs qui varient suivant les pays. A la Guyane on emploie des arbres du pays à feuillage peu épais. Ces tuteurs sont plantés en allées assez larges pour permettre aux travailleurs, à l'air et à la lumière de bien circuler partout. On plante les boutures par deux, au pied de chaque tuteur ; ces boutures, de 40 à 50 centimètres de long, sont enfoncées en terre obliquement. L'entretien consiste à *biner* de temps en temps le pied des poivriers, pour les débarrasser des mauvaises herbes, et à fumer légèrement chaque plant, pour y maintenir surtout un peu d'humidité. La liane se développe assez lentement, et ne commence à produire qu'à l'âge de trois ans. La durée de production d'un plant est de huit à douze ans. C'est à l'âge de huit ans qu'il rapporte le plus. Trois ou quatre ans après il cesse de rapporter et meurt. Un excellent système, qu'on n'a malheureusement pas adopté encore dans nos colonies, consiste à recourber en terre, au bout de trois ans, les plus robustes des boutures, préalablement taillées. C'est ce qu'on appelle en France le « provignage ». De ces ceps couchés naissent de vigoureuses boutures qui rapportent pendant huit à dix ans. Les fruits, qui mûrissent en quatre ou cinq mois, sont de petites baies d'un beau rouge. On ne les cueille que quand ils commencent à passer au brun. Cette cueillette, comme vous devez vous en rendre compte, est assez longue. Les fruits récoltés sont étalés au grand air sur des claies où ils se dessèchent peu à peu. Un pied peut rapporter de 2^{kg},500 à 3 kilogrammes de graines sèches par récolte. Il y a deux récoltes par an.

Poivre.

Le poivrier croît spontanément dans l'Inde, d'où il fut introduit à la Réunion, et de là en Amérique. Les colonies qui envoient le poivre en France sont devenues rares aujourd'hui. Bourbon et les Antilles en introduisent quelque peu, mais la plus grande partie du poivre consommé en France nous vient des colonies hollandaises de Java et de Sumatra.

2. Les Clous de Girofle

Le giroflier est un arbre de 8 à 10 mètres de haut, à l'écorce grise, qui présente une belle cime pyramidale d'un vert sombre. Les fleurs, disposées par trois, sont

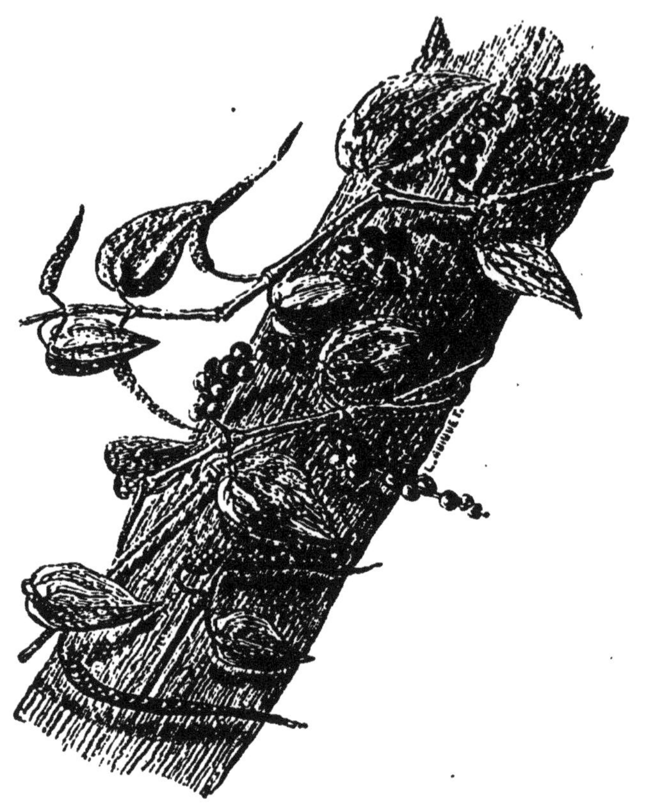

Poivrier sur son tuteur.

roses, petites, odorantes. Ce sont les boutons de ces fleurs, cueillis avant leur épanouissement, qui donnent les clous de girofle.

Pour établir une plantation de girofliers, on choisit une terre forte, à l'abri du vent et peu sujette aux sécheresses prolongées : il faut donc un sol frais et profond, sans être trop humide. Les semis se font en pépinière à part, à l'aide des baies de giroflier, qu'on appelle antho-fles, mères de girofle, clous matrices, etc. Avant de les semer, on les laisse germer en tas dans un lieu humide, puis on les met en terre meuble. Le jeune plant redoutant particulièrement le soleil et la sécheresse, il faut l'abriter soigneusement et l'arroser souvent. On le transplante au bout d'un mois environ. Il suffit alors de l'entretenir un peu, d'éviter l'envahissement des mauvaises herbes, de couper les branches inutiles et trop rapprochées du sol. A l'âge de quatre ans, quelques fleurs commencent à apparaître. A huit ou dix ans, l'arbre est en plein rapport, suivant la qualité du sol. A partir de ce moment, la production augmente avec l'âge. Les fleurs apparaissent à des époques différentes, suivant les colonies : à la Guyane, où le giroflier prospère si bien, la floraison dure d'août à novembre. On cueille les fleurs à la main, ou, ce qui vaut mieux, au sécateur, et on les transporte sous un abri aéré, où on les laisse se flétrir un peu. Les clous ou boutons se séparent alors facilement des branches que l'on rejette : ces clous sont alors séchés, le plus rapidement possible, au soleil. La récolte par arbre est de 2 à 5 kilogrammes de clous, suivant les années, car la production n'est pas très régulière. On peut admettre une moyenne annuelle de 2kg,500.

Branche de giroflier.

Les clous de girofle sont employés comme condiment stimulant.

Le giroflier est originaire des Moluques. Les Chinois

sont, dit-on, les premiers qui en aient introduit la culture en Asie. Quand les Hollandais s'emparèrent des Moluques, ils détruisirent toutes les plantations de giroflier, sauf celles d'Amboine et de Ternate, qu'ils entretinrent soigneusement, afin de se réserver le monopole exclusif de ce commerce.

L'économiste Poivre, gouverneur de la Réunion, parvint à ravir des semences fraîches aux Hollandais en 1770, et fit cultiver la plante dans l'île, qui s'appelait alors île de France. Les essais réussirent pleinement, grâce aux soins intelligents du directeur des jardins du roi, M. de Céré. De là, les plantations se répandirent à Saint-Domingue, à la Martinique et à la Guyane, où les premiers plants furent introduits en 1779, et où ils étaient en plein rapport dès 1787.

Les colonies qui exportent en France les clous de girofle sont : la Réunion, Madagascar, les Antilles. Mais la production est bien tombée, et nous nous sommes peu à peu laissé devancer par les colonies anglaises et hollandaises, qui ont multiplié les plantations de ce précieux végétal. C'est ainsi qu'en 1821, la plantation de la Gabrielle, à la Guyane française, produisit 50,000 kilogrammes de clous. En 1836, la production s'élevait à 100,321 kilogrammes. Depuis, la culture en fut abandonnée, au point qu'en 1882, la Guyane en exportait 30 kilogrammes ! Et pourtant, cette culture rapporte en moyenne 110 kilogrammes à l'hectare.

3. Les Noix de Muscade.

Le muscadier est un arbre de 10 à 13 mètres de haut, à branches très rameuses, présentant une cime arrondie. C'est, comme le chanvre de nos pays, une plante dioïque, c'est-à-dire portant sur des pieds différents des fleurs mâles et des fleurs femelles. Les fleurs mâles sont en ombelles, ordinairement par trois ; les fleurs femelles sont solitaires, blanchâtres, sans odeur, longues d'environ un centimètre, épaisses, pour ainsi dire charnues. Le fruit est de la grosseur d'une petite pêche. C'est une coque charnue qui se fend et laisse échapper de ses deux valves une noix arrondie, recouverte d'un réseau d'une matière grasse, odorante, qu'on appelle le *macis* de muscade.

La partie employée comme aromate tonique stimulant est la noix. On reproduit le muscadier de graines. La germination est très lente : il faut huit à neuf mois pour que le jeune plant apparaisse, si l'on a placé les semences en terre peu humide et munies encore de leur coque. Le temps se réduit à quatre mois si l'on plante la noix seule dans la saison des pluies. Le muscadier demande un sol riche, ombragé, et le voisinage des ruisseaux et des rivières. On plante les arbres à 7 ou 8, et même mieux 10 mètres de distance, ce qui suppose une plantation de mille pieds à l'hectare. Il commence à fleurir à l'âge de cinq ans, et, à partir de ce moment, la production est continue, l'arbre étant continuellement en fleurs et en fruits. Pendant quatre ou cinq ans, cependant, le rendement est faible. Il atteint son maximum à l'âge de quinze ans. Un arbre en plein rapport donne 5 kilogrammes de noix et 500 grammes de macis de muscade. On récolte les noix quand leur coque commence à s'entr'ouvrir en deux valves. On les dépouille de cette enveloppe, on enlève le macis et on les fait sécher au soleil. Au bout de quelque temps, on enlève la seconde coque, et la noix de muscade apparaît. Celles qui sont bien arrondies seules sont bonnes pour le commerce. Dans certains pays on les passe au lait de chaux avant

Muscadier.

de les expédier. Les muscades déprimées ou ridées sont gardées pour la distillation. Le macis, après une courte exposition aux rayons du soleil, est mis à sécher lentement à l'ombre. Comme il devient alors très cassant, on l'arrose d'eau salée, on le presse en pain, et on le conserve pour la vente.

J'ai parlé de distillation des noix muscades. Il existe, dans ces noix, deux corps gras odorants distincts employés dans l'industrie. Le premier, qui a la consistance du suif, est jaune, d'une odeur très agréable. On l'extrait des noix par pression, on en tire environ le cinquième du poids des noix pressées. Ce corps gras existe aussi dans le macis et porte le nom de beurre de muscade ou huile de macis. L'autre corps gras, moins abondant (un trentième du poids des noix) s'enlève par la distillation des noix et du macis.

Les colonies qui produisent la noix muscade sont principalement la Réunion, les Antilles et la Guyane. Mais, comme je vous l'ai dit pour le giroflier, c'est une culture bien tombée aujourd'hui, et la plus grande production est réservée aux colonies étrangères.

4. La Cannelle.

Vous connaissez tous ces morceaux d'écorces roulées, à l'odeur aromatique, que l'on emploie dans les crèmes, le vin chaud et divers entremets. Cette écorce est celle d'un arbre de la famille du laurier, le cannellier, propre aux pays chauds. C'est un arbre qui, isolé, peut atteindre de 8 à 9 mètres de haut, mais que l'on maintient beaucoup plus bas en culture, comme nous le verrons par la suite. Cet arbre pousse des branches assez grosses, presque carrées, ou, pour parler plus correctement, obtusement tétragones, vertes quand elles sont jeunes, d'un jaune cendré en vieillissant. Les fleurs viennent en panicules et sont couvertes d'un beau duvet blanc soyeux.

La culture du cannellier n'est pas compliquée et n'exige

pas des sols de première qualité : il lui faut surtout un terrain humide, un climat chaud, des pluies abondantes. On prépare, à deux ou trois mètres de distance les uns des autres, en sol ameubli, de petits trous que l'on remplit, quelques jours à l'avance, de cendres de bois. On sème les graines très fraîches, parce qu'elles perdent rapidement leurs facultés germinatives : comme on veut avoir des touffes, plutôt que de beaux arbres droits, on place ensemble quatre ou cinq graines dans chaque trou. On recouvre de terre, et le tout est encore recouvert de menus branchages ou de pailles. La plante lève au bout de quinze à vingt jours. L'entretien d'une plantation n'est pas très difficile : on se borne à sarcler de temps en temps et à maintenir l'humidité du sol pendant les sécheresses, au moins au pied du végétal, en y entassant les mauvaises herbes de sarclage. On ne procède à la première récolte qu'au bout de sept à huit ans, et, dans les climats très chauds, six à sept ans. Les pousses en touffe ont alors $2^m,50$ environ de hauteur. On commence la récolte en coupant, dans chaque touffe, deux ou trois pieds de 2 à 4 centimètres de diamètre, de préférence au commencement de la saison des pluies, parce que la montée de la sève facilite singulièrement l'écorçage ; on continue cette coupe sans donner aux autres tiges le temps de devenir trop fortes. Les branches repoussent et peuvent être coupées de nouveau quatre ou cinq ans après. Les branches coupées sont fendues en long, proprement, et entassées pendant quelques jours, de façon à les échauffer par un commencement de fermentation qui facilitera la chute de l'écorce. C'est une surveillance attentive à exercer pendant ce temps, parce qu'une fermentation trop lente amène la moisissure, et qu'un échauffement trop rapide fait perdre à la cannelle une partie de son arome, tout en la rendant noire et friable. On fait ensuite sécher alternativement à l'ombre et au soleil, puis on enlève les écorces en fragments aussi longs que possible, et l'on achève leur dessiccation à l'ombre, sous un hangar très aéré. La cannelle la plus appréciée est celle qui offre le moins d'épaisseur et qui présente une couleur café au lait clair.

Les déchets et les feuilles sont distillés et donnent une essence recherchée. Une touffe soignée peut donner 1 kilogramme à 1kg,500 de cannelle par récolte, et les déchets et feuilles, 1 litre d'essence environ. Cela représente en moyenne, par hectare et par récolte, 3,000 kilogrammes de cannelle.

La cannelle, comme toutes les autres épices, nous vient aujourd'hui en grande partie des colonies étrangères. On la cultive pourtant encore un peu à Bourbon, au Tonkin, aux Antilles et à la Guyane.

5. Le Gingembre.

Le gingembre est un aromate assez peu employé en France. Néanmoins, il entre dans la composition de certaines pâtisseries et de certaines liqueurs; c'est pourquoi nous en dirons quelques mots.

Le gingembre est le rhizome d'une plante herbacée assez répandue dans les colonies, où elle croît, tantôt spontanément, tantôt à l'état de plante cultivée. C'est une racine gris jaunâtre, à odeur forte et pénétrante, à saveur brûlante et aromatique, que l'on se borne à récolter, à laver à grande eau, et à couper en fragments pour la faire sécher au soleil. Le gingembre entre dans la préparation d'une bière très estimée en Angleterre, le *ginger-bar*.

Les colonies où croît communément le gingembre sont : la Guyane, les Antilles, Bourbon, l'Indo-Chine et la Cochinchine. On en trouve une espèce sauvage moins parfumée et moins agréable en Nouvelle-Calédonie. Elle ne fait pas l'objet d'un commerce considérable.

6. La Vanille.

Vous avez tous vu ces longues gousses minces, noires et ridées, au parfum si suave, que l'on emploie pour aromatiser les crèmes, le chocolat et diverses pâtisseries ou liqueurs. Ces gousses sont les fruits séchés et préparés d'une liane originaire du Mexique, et qui s'est répandue de là dans les pays chauds, où elle fait l'objet d'une culture assez étendue. Cette liane, de la famille des Orchidées, qui donne de si belles plantes d'ornement, est cultivée surtout à la Réunion, à Madagascar, aux Antilles et à la Guyane. Elle exige un terrain frais, riche en humus, un climat chaud et humide, et surtout un tuteur à écorce molle, qui lui permette d'enfoncer ses racines adventives et de se maintenir. A la Réunion, on emploie comme tuteur un arbre de la famille du manioc, le pignon d'Inde, que l'on taille en haies peu élevées, pour rendre les divers travaux de culture plus faciles. Dans d'autres pays on choisit comme tuteurs les orangers ou d'autres arbres à écorce lisse et facile à pénétrer. On plante la vanille de boutures, au pied des tuteurs, en sol bien fumé ; au bout d'une année, la tige est assez développée et commence à fleurir. La fleur du vanillier, abandonnée à elle-même, donne rarement des fruits. Il faut que la main de l'homme intervienne pour féconder les organes femelles, séparés de l'anthère et du pollen par un pétale qui les recouvre et les enveloppe. C'est un travail délicat, qui exige une main légère. A la Réunion, ce sont surtout les femmes qui s'occupent de la culture de la vanille. Une fois les fleurs fécondées, on voit se former des gousses vertes, un peu aplaties, qui se développent assez lentement. Si on les abandonnait à elles-mêmes, ces gousses mûriraient, se rempliraient d'une poussière qui constitue les graines, et se fendraient en trois lobes par où s'échapperaient ces graines. La gousse, devenue coriace, n'exhalerait qu'un vague parfum vite disparu. Il faut, dès que la gousse commence à mûrir, c'est-à-dire quand son extrémité prend une teinte jaunâtre, la cueillir et la *tuer,* c'est-à-dire l'empêcher de continuer à mûrir d'une façon normale. Pour atteindre ce but, on la plonge pendant une demi-minute dans l'eau bouillante : on l'égoutte, on l'essuie et on l'installe dans les plis d'un tissu chaud et feutré, de grosse flanelle par exemple, ou des couvertures de laine. Ces couvertures, garnies de gousses et repliées, sont exposées à la forte chaleur du

Vanillier sur son tuteur.

soleil de l'après-midi tous les jours pendant une, deux ou trois heures, suivant l'élévation de la température. On les rentre ensuite, et on les place les unes sur les autres dans des coffres de bois que l'on ferme, et où elles conservent leur chaleur. A mesure qu'avance cette opération, les gousses se rident et brunissent. On les suspend alors dans un séchoir spécial, garni d'une toile métallique, comme un garde-manger, ou de tulle fin. Chaque semaine on presse chaque gousse entre les doigts sur toute sa longueur, pour la resserrer et en faire adhérer les parois entre elles. Dans quelques pays on les entortille d'un fil qui les resserre. Sans ces précautions, les gousses auraient une tendance à s'ouvrir. Pour empêcher la dessiccation trop rapide de la gousse au séchoir, il est d'usage de l'enduire d'une légère couche d'huile, qui empêche l'évaporation brusque des liquides encore contenus dans la pulpe. Quand la vanille a pris tout son arome et une couleur brun foncé très uniforme, elle est prête : on la trie et on la met en paquets pour l'emballage.

Cette culture ne se faisant pas sur de vastes superficies, il est assez difficile d'apprécier le rendement d'une étendue déterminée de plantation. On peut seulement dire qu'un plant de vanille bien développé peut rapporter jusqu'à 500 grammes de gousses mûres par an. Le prix de la vanille est très variable et oscille entre 25 et 80 francs le kilogramme.

Les colonies qui cultivent principalement la vanille sont la Réunion, Madagascar, le Guadeloupe, la Martinique et la Guyane française.

CHAPITRE III

CONSERVES DIVERSES, FRUITS DIVERS IMPORTÉS DES COLONIES

Depuis que des navires à vapeur circulent régulièrement entre les colonies et la France et accomplissent de rapides voyages, on a vu apparaître sur le marché une foule de produits frais ou conservés qui viennent des pays chauds. C'est ainsi qu'on vend couramment maintenant chez les épiciers de Marseille et des grands ports de mer, et même jusqu'à Paris, des noix de coco, des bananes, des ananas frais ou conservés, des amandes du Brésil, des dattes fraîches, etc. Nous nous bornerons à passer rapidement en revue les plus importants de ces produits qui ne font pas encore l'objet d'un commerce considérable, et dont nous avons moins à nous occuper que des importations de matières premières destinées à être utilisées par notre industrie.

1. La Noix de Coco.

Vous avez dû voir à l'étalage des grandes épiceries ou des marchands forains les noix de coco sous différentes formes. Tantôt la noix est entière, munie d'une partie de son brou sur un côté, tandis que sur l'autre côté, qui présente la coque dépouillée, un peintre fantaisiste représente une face baroque de pitre ou de pierrot, auquel le brou sert de perruque. D'autres fois, la noix est vendue entièrement dépouillée de son brou, et seulement revêtue de sa coque brun foncé. Enfin, l'amande est fendue, coupée en morceaux, d'un beau blanc mat, que l'on met à rafraîchir dans l'eau. Bien que nous ayons à revenir sur le cocotier et son produit quand nous parlerons des matières industrielles, je vous décrirai d'abord l'origine des noix de coco, puis le mode de culture du palmier qui les porte.

Car le cocotier est un beau palmier, propre au littoral de presque toutes nos colonies, et qui s'élève jusqu'à 30 mètres de haut. Ce palmier croît facilement dans le sable, et ne redoute même pas le voisinage des eaux saumâtres. Il ne rapporte qu'au bout de dix ans environ; mais à partir de ce moment il est continuellement en fleurs et en fruits. La production moyenne annuelle d'un palmier est de soixante-dix à quatre-vingts noix par an, et l'arbre rapporte pendant au moins trente ans. A partir de ce moment, le rendement diminue, et l'arbre dépérit insensiblement, pour mourir à quatre-vingts, quatre-vingt-cinq et même quatre-vingt-dix ans. La noix de coco jeune est d'abord formée d'un brou très épais, dont nous verrons plus loin l'emploi comme textile, qui recouvre une coquille assez mince et assez fragile, dans laquelle se trouve un liquide limpide et frais, légèrement sucré, délicieux à boire, dans les pays brûlants où croît ce palmier. C'est le *lait* de coco. Peu à peu, la coquille se tapisse d'une couche

Cocotier.

de plus en plus épaisse d'une matière molle, crémeuse, exquise à manger : c'est le jeune *albumen* de la graine, comme l'appellent les botanistes. A mesure que cet *albumen* s'accroît, il s'épaissit, durcit, tandis que le lait de coco diminue, se *résorbe,* devient, au goût, plus aigrelet, et finit par disparaître presque complètement. La noix est alors tapissée intérieurement de l'albumen durci, épais d'un centimètre et demi environ. C'est la partie que vous connaissez et que vous avez pu voir ou goûter. Plus jeune, la noix de coco ne supporterait pas le transport; le lait qu'elle contient fermenterait et tournerait à l'aigre. Bientôt le brou jaunit, puis prend une teinte brun clair. Le fruit se détache et tombe : il est mûr.

L'*albumen,* ou, comme on dit vulgairement, l'*amande* de la noix de coco fait l'objet d'un grand commerce, dont nous parlerons bientôt. On en tire une huile très employée pour la fabrication des savons.

Le cocotier est un arbre précieux pour la population des pays chauds. Il donne à l'indigène une boisson rafraîchissante, une crème délicieuse et, plus tard, une amande d'un goût très fin dont il tire, quand elle est tout à fait mûre, de l'huile qu'il emploie, fraîche, pour son alimentation et, plus vieille, pour son éclairage. Le brou lui donne de bons cordages. Les vastes feuilles du cocotier, qui mesurent jusqu'à 3 mètres de long, lui fournissent de quoi couvrir sa case; il en tresse des paniers et les nattes sur lesquelles il s'étend pour reposer. Le bois même est employé pour la construction, et, chez les sauvages, la coquille fournit la vaisselle et les vases dont ils peuvent avoir besoin. Enfin, le bourgeon terminal, appelé improprement *chou,* fournit une belle salade blanche exquise, mais coûteuse, car en coupant ce bourgeon on tue l'arbre. Les cocos nous arrivent de la Réunion et surtout des Antilles, qui sont plus rapprochées de la France.

2. La Banane.

Les bananes, qui nous viennent surtout des colonies de la côte occidentale d'Afrique, et même de l'Algérie,

Bananier.

commencent à être bien connues en France. Elles croissent en grappes énormes et serrées qu'on appelle des régimes, sur des plantes non ligneuses, de la famille des Musacées, dont l'aspect général est celui-ci : tronc filandreux, gorgé de liquide, feuilles engainantes, très larges, longues de 1 à 2 mètres, à limbe d'un beau vert, à nervures parallèles régulières, souvent déchirées suivant ces nervures. Fleurs en épis serrés, recouvertes par cinq ou six d'une bractée caduque, rangées en spirale à peu près régulière autour d'un gros pédoncule commun. Fruits longs, charnus, pulpeux, sans graines, recouverts d'une peau verte d'abord, qui jaunit à la maturité. La banane a un goût un peu sucré et frais assez agréable. Avant sa maturité, elle est riche en fécule. On coupe le régime avant qu'il soit mûr, et les fruits continuent à mûrir à bord du bateau, et même en France.

3. L'Ananas.

Les colonies envoient encore en France, depuis quelque temps, des ananas frais ou en conserves. Vous avez dû voir dans les gravures ce fruit en forme d'énorme pomme de pin que couronnerait un bouquet de feuilles vertes en panache. Ce fruit, un des plus agréables des colonies, se prépare également en confitures ou en tranches dans du sirop. Le plant de l'ananas a quelque analogie comme port avec les aloès qu'on cultive dans des vases, au-dessus des paliers d'entrée des grilles : feuilles longues, uniformes, engainantes à la base, légèrement dentées en scie sur les bords, et du centre desquelles s'élève le fruit. Ces feuilles contiennent une filasse blanche très estimée et qui se vend jusqu'à 2f,50 le kilogramme. Nous en reparlerons quand nous en serons aux *textiles*.

4. Les Amandes du Brésil, etc.

Les amandes du Brésil, que vendent beaucoup d'épiciers, proviennent d'un grand arbre commun à la Guyane française, le *Bertholletia excelsa,* qui donne comme fruit une grosse capsule ligneuse, en boule, renfermant seize à vingt graines triangulaires, huileuses, d'un goût très agréable quand elles sont fraîches.

Enfin certaines colonies commencent à nous envoyer

des fruits en pâtes, ou confitures épaisses assez agréables : la Réunion nous envoie ainsi des *goyaves*, des *mangues*, etc.; mais ces produits sont encore peu connus et peu répandus dans le commerce.

CHAPITRE IV

MATIÈRES TEXTILES TIRÉES DES COLONIES

1. Le Coton.

Le coton est un textile dont on fait le calicot, des tricots divers et de la bonneterie; c'est une bourre blanche, soyeuse et douce au toucher, qui enveloppe les graines d'un arbuste appelé cotonnier, de la famille des Malvacées, à laquelle appartiennent la mauve et la guimauve, que vous connaissez tous. Le cotonnier est un arbrisseau des pays chauds, cultivé dans presque toutes les colonies.

Capsule de cotonnier.

Il croît bien généralement partout, mais il semble préférer les terres sablonneuses alluvionnaires des bords de la mer. Il y en a deux espèces : l'une annuelle, qu'on appelle le coton herbacé, et qui ne dépasse pas $0^{m},70$ de haut; l'autre vivace, qui peut s'élever à 5 ou 6 mètres, mais que l'on réduit de dimensions par la taille et qui vit, en moyenne, dix ans. C'est une culture qui demande très peu de soin et qui exige seulement un sol plutôt sec qu'humide, du grand air et du soleil. On sème, avant les pluies, quatre à cinq graines dans des trous espacés de 2 à 3 mètres. L'entretien consiste en sarclages, que l'on fait suivre de la taille dès que l'arbrisseau a atteint environ $0^{m},50$ de

4.

haut. La première récolte a lieu au bout de sept mois environ, et consiste à cueillir chaque jour les capsules mûres, c'est-à-dire celles qui s'entr'ouvrent et laissent paraître au dehors la bourre blanche qui entoure les graines. Ces capsules sont mises à sécher au grand soleil, puis égrenées à l'aide de machines spéciales, qui sépa-

Récolte du coton.

rent la bourre des semences. Ces semences représentent, pour 100 kilogrammes de capsules récoltées, 70 kilogrammes; le coton n'entre que dans la proportion de 30 0/0 en moyenne. Le produit du coton à l'hectare est, au minimum, de 500 kilogrammes; mais ce rendement est très variable, puisque, suivant le pays et les modes de culture pratiqués, il s'élève à 800 et même à 1,000 kilogrammes.

Nos colonies n'exportent plus le coton et consomment sur place ce dont elles ont besoin. Pourtant les cotons de la Guyane étaient particulièrement estimés autrefois.

Les graines du coton ne sont pas perdues : elles font l'objet d'un commerce assez important pour l'huile qu'elles renferment, et qui est surtout employée dans les savonneries.

Il est à souhaiter que cette culture, si facile qu'à la Guyane on l'appelait la culture des paresseux, puisse se répandre de nouveau dans nos colonies : elle est d'un rendement rémunérateur, exige peu de dépenses et n'est point malsaine.

Il y a très longtemps que le coton est connu. Hérodote, le célèbre historien grec, dit que les Indiens s'en servaient; on dit aussi que le coton était cultivé dans le golfe Persique. Pline, le naturaliste latin, écrit que l'on faisait, en Arabie, les costumes des prêtres avec du coton. D'ailleurs, ce n'est guère que vers l'ère chrétienne que le coton pénétra sur les marchés de la Grèce et de Rome. Au XIIIe siècle, le Turkestan en faisait un commerce très actif avec la Russie et la Crimée. Au XVIe siècle, il y avait au Maroc des manufactures très importantes de tissus de coton; les produits se vendaient surtout à Londres. Le coton existait certainement de toute antiquité dans le nouveau monde; en effet, Christophe Colomb trouva, au Brésil, des cotonniers et des étoffes de coton. On en a essayé la culture dans le midi de la France en 1806. Il est probable que le succès ne couronna pas ces tentatives d'acclimatation. Depuis, ce sont surtout les États-Unis qui fournissent le coton que consomme l'Europe.

2. L'Aloès.

On donne, dans le commerce, le nom d'aloès à des fibres d'origine végétale d'une certaine longueur, douées d'une solidité très convenable et présentant une blancheur soyeuse très remarquable. Le nom d'aloès est impropre, et appartient à une plante de la famille des Tiliacées qui donne la *résine purgative d'aloès*. Les fibres en question proviennent de plantes *amaryllidées* très répandues aujourd'hui dans presque toutes nos colonies et appartenant aux genres *Agave* et *Fourcroya*. L'*agave vivipare,* ainsi appelé parce qu'aux fleurs succèdent, non des graines, comme dans les autres plantes, mais des bulbilles ou petits oignons, sortes de plantes en réduction qui, tombées à terre, poussent directement, l'agave vivipare, disons-nous, est le plus répandu. Il se contente des sols les plus pauvres et les plus arides, ce qui permettrait de le multiplier, aux colonies, dans les zones que l'on ne peut utiliser pour d'autres cultures. Les meilleures fibres proviennent des feuilles âgées de deux ans. Un seul pied peut donner jusqu'à quarante feuilles de $1^m,50$ à $1^m,80$ de long. Le poids moyen d'une feuille est de 4 kilogrammes. Le rendement des feuilles en fibres sèches est en moyenne de 10 0/0, soit 400 grammes par feuille et 16 kilogrammes par pied, de sa naissance au moment de la floraison. La préparation des fibres est des plus simples. On râcle la feuille étendue sur une planche oblique, à l'aide d'une lame mousse, de façon à enlever tout le parenchyme vert et à mettre à nu les faisceaux de fibres. On lave ensuite à grande eau, ou mieux on plonge le paquet de filasse dans de l'eau chaude savonneuse, pour enlever le reste de la gomme qui agglutine les feuilles entre elles; on peigne les fibres et on les laisse blanchir sur le pré.

Arbre d'aloès.

Il se fait aujourd'hui un commerce considérable de ces fibres, qui arrivent en grande quantité à Marseille, où elles sont employées à la corderie et à la confection de certains objets tressés, tels que filets, pièces de harnachement, hamacs, etc. Jusqu'à présent, nos colonies en exportent fort peu, bien que la plante y réussisse admirablement. Comme les soins de culture sont nuls et que les modes de préparation n'exigent ni une main-d'œuvre expérimentée ni un outillage coûteux, il faut espérer que nous recevrons bientôt ce produit de nos possessions d'outre-mer. Il en arrive, à Marseille, de Nossibé, de Madagascar et de la Réunion.

3. Bourre de Coco ou Coir.

La noix de coco, quand on la cueille, est enveloppée d'un brou fibreux épais de 4 à 5 centimètres dont le commerce et l'industrie commencent à tirer un parti avantageux. On calcule que chaque noix donne de 400 à 450 grammes de bourre sèche, soit 48 kilogrammes en moyenne par arbre et par an, en s'en rapportant aux rendements que nous avons signalés plus haut à propos de ce palmier. On bat ces fibres pour les désagglutiner, elles sont ensuite lavées et exposées sur le pré, où elles perdent un peu de leur coloration brune. Ainsi préparées, elles sont vendues à Marseille, à Bordeaux et au Havre. A Marseille, elles nous arrivent des Indes néerlandaises et anglaises en petites tresses de choix qui indiquent un peignage préparatoire qui en augmente de beaucoup la valeur marchande. Dans ces pays, le *coir,* c'est ainsi qu'on nomme ce brou, est préparé d'une façon spéciale. Les fragments de brou sont immergés dans l'eau un peu saumâtre, où ils séjournent pendant un an ou dix-huit mois. On les retire pour les battre au maillet de bois, les gratter et les peigner. Les paquets de fibres ainsi obtenus sont tressés en petites nattes et livrés au commerce. On fabrique avec le coir des cordages très légers et assez riches en tanin pour résister à un long séjour dans l'eau. On en confectionne également des tapis, des paillassons, des brosses, des pinceaux grossiers, etc. La Nouvelle-Calédonie est la seule colonie qui ait envoyé jusqu'à présent ce produit en France.

4. La Ramie.

La ramie appartient à la famille de l'ortie. Originaire, dit-on, de la Chine, elle a été cultivée, à titre d'essai, dans presque toutes nos colonies; mais les difficultés de la *décortication* ont vite entravé cette culture. Aujourd'hui le problème semble résolu, car on a inventé des machines qui décortiquent la ramie assez rapidement et assez économiquement pour que l'exploitation puisse en être reprise avantageusement. Nous nous bornerons à dire, que les fibres de la ramie donnent un fil d'une blancheur parfaite et d'un soyeux remarquable : combinées avec celles du chanvre, ces fibres donnent des toiles damassées de toute beauté et fournissent à l'industrie des rideaux et des tapis très recherchés. Les colonies où la ramie a été cultivée avec succès sont : la Guyane française, la Réunion et l'Algérie.

5. Plantes textiles diverses d'origine coloniale.

Bien que les textiles dont nous allons parler ne proviennent pas en général de nos colonies, et nous arrivent surtout des possessions étrangères, nous tenons à ne les point passer sous silence, parce qu'ils y croissent facilement ou peuvent y être cultivés avantageusement.

Les fibres d'ananas proviennent des feuilles de l'*ananas*, plante dont nous vous avons entretenus déjà. On les extrait en râclant les feuilles, comme il a été dit pour l'*aloès*, mais après un rouissage analogue à celui qu'on fait subir au chanvre dans nos pays. Ces fibres, longues de 40 à 50 centimètres, sont très solides, d'un blanc nacré et soyeux, et conviennent surtout pour la préparation de toiles de luxe. La Nouvelle-Calédonie en a exporté, pendant quelques années, une certaine quantité en France. Aujourd'hui, c'est la Chine qui en vend le plus à l'Angleterre, à raison de 2 francs à 2f,50 environ le kilogramme. Une préparation spéciale consiste à immerger les feuilles d'ananas en bottes de 10 kilogrammes environ dans des vases *en terre* de préférence (le fer tachant les fibres de points noirs), et à les soumettre à une ébullition qu'on prolonge pendant quatre ou cinq heures. On lave ensuite les bottes à grande eau, sous un robinet ouvert ou dans un ruisseau courant, puis on râcle les feuilles, on lessive les fibres obtenues et on peigne. Ce rendement est de 8 0/0 en moyenne de belles fibres sèches.

Le **chanvre de Manille,** qui arrive en grandes quantités aujourd'hui à Marseille de Manille et des colonies néerlandaises de l'Inde, provient du bananier textile, dont on fait rouir le tronc, pour en battre ensuite les fibres; ces fibres sont d'un jaune brun soyeux, très douces au toucher et très légères. On les utilise pour la confection de sacs, et elles entrent dans la composition de certaines pâtes à papier. Ce bananier réussirait très bien dans nos colonies chaudes et humides comme la Guyane française, et serait d'un grand rapport comme culture. On l'a essayé avec succès à la Réunion.

Le **jute** est la fibre d'une tiliacée (plante de la famille du tilleul) très répandue dans l'Inde, et sert surtout à la confection des sacs employés pour l'expédition des produits coloniaux. C'est une fibre souple et légère, de couleur grisâtre, sans grande solidité. Pondichéry nous en envoie une certaine quantité sous forme de sacs. Réussit également très bien à Bourbon, Madagascar et Nossibé.

Le **raphia,** que l'on trouve aujourd'hui chez tous les marchands de graines et horticulteurs, est une fibre qui provient des jeunes feuilles d'un palmier du genre raphia. On ne l'employait guère jusqu'à présent que pour fixer les plantes sur leurs tuteurs, comme liens très souples. On le fait entrer aujourd'hui dans la composition de la pâte à papier et le tressage de certaines sparteries élégantes. Les habitants de Madagascar en font de fort belles étoffes, légères, souples et fraîches, qu'on nomme *rabannes* dans le commerce. Ces étoffes sont employées en France comme portières, tapis de luxe, etc. Le principal lieu de production est Madagascar.

6. Plantes se rattachant aux textiles : pailles et plantes pour vannerie et sparterie.

Bien que nous possédions en France de fort belles pailles, et pour la vannerie l'*osier*, si souple et si bien travaillé par nos ouvriers, nous demandons à plusieurs de nos colonies des matières propres au tressage et à la vannerie. Nous ne citerons que les plus usuelles.

C'est d'abord la *paille de riz*, qui sert à la confection de chapeaux très fins, et qui nous arrive du Tonkin, de la Cochinchine, mais malheureusement surtout des colonies anglaises.

Les fameux chapeaux de panama sont tressés avec les feuilles bouillies et fendues en fines lanières d'un pandanus spécial, le *Carludovica palmata*, qui croît dans les Antilles, où on l'a introduit, et dans tout le golfe du Mexique dont il est originaire. La culture en a assez bien réussi, à titre d'essai, à la Réunion et à la Guyane française.

L'*alfa* ou *sparte*, qui sert à faire des cordages et des tressages divers qui portent le nom général de sparterie, et une excellente pâte à papier, très employée aujourd'hui, provient d'une herbe qui croît en grande abondance en Algérie. Avec cette même pâte les Anglais fabriquent de très belles moulures pour cadres, etc.

Le *cannage* des chaises dites en *rotin* est fait avec la partie extérieure de la tige rampante d'un palmier appelé rotin ou *rotang*, très commun en Cochinchine et en Indo-Chine.

7. La Soie.

Nous ne ferons que citer ce produit textile d'origine animale, qu'on vous a appris à connaître dans des leçons

Alfa.

de choses relatives aux produits divers de la France. Le Tonkin, la Cochinchine et le protectorat du Cambodge produisent la soie en grande quantité et nous envoient, ou leurs *cocons tués,* ou des écheveaux de soie *dévidés,* ou enfin même des étoffes préparées dans le pays même et très recherchées.

CHAPITRE V

MATIÈRES TINCTORIALES TIRÉES DES COLONIES

Les principales matières tinctoriales que nous recevons des colonies sont : le *rocou*, l'*indigo*, le *curcuma* et le *campêche*.

1. Le Rocou.

Le rocou est une jolie plante de la famille des Flacourtiacées, voisine des Tiliacées, propre à l'Amérique du Sud et aux Antilles. On reçoit surtout le rocou de la Guyane, de la Martinique et de la Guadeloupe. Cette matière colorante, d'un beau rouge vermeil, se trouve surtout sur la partie extérieure des graines du rocouyer.

La culture du rocouyer demande un sol léger et riche en même temps ; les terres fraîches, les marais récemment asséchés, lui conviennent particulièrement. L'arbuste vient de semis et se plante à 10 ou 12 mètres de distance, ce qui donne environ 1,000 pieds à l'hectare. Il lui faut environ deux ans pour se développer complètement, et il produit abondamment pendant trois ou quatre ans. Il est presque toujours en fleurs et en fruits, ce qui nécessite une cueillette presque continue. Les graines sont enfermées dans une capsule bivalve hérissée extérieurement d'aspérités. Ces graines, de la grosseur et à peu près de la forme d'un gros pépin de raisin, sont recouvertes de la substance colorante. On extrait cette substance par une série d'opérations assez longues et que l'on pourrait considérablement réduire et simplifier. Voici comment on procède à la Guyane française, où cette industrie est assez répandue.

On bat les capsules cueillies, pour en faire sortir les graines, que l'on écrase, après les avoir lavées un peu. La pâte ainsi obtenue est mise à macérer dans l'eau pendant huit à dix jours : on l'agite deux fois par jour au moins. On retire et l'on égoutte cette pâte, que l'on met à fermenter dans un récipient convenable, un vaste bac de bois, de préférence, ou des cuves, pendant environ trois jours. Le liquide est tamisé sur un crible spécial, et ce qui passe à travers les mailles du tissu est déposé dans un bac propre, où se précipite la matière colorante mêlée à une foule d'impuretés, fécules, débris de graines, etc. On rejette l'eau, une fois la précipitation achevée, et l'on fait épaissir sur feu plus doux la matière boueuse qui reste au fond. Cette matière est étalée sur des toiles, où elle s'égoutte complètement et où elle sèche. On la débite alors en pains d'un poids de 6 à 9 kilogrammes, que l'on enveloppe de feuilles et que l'on emballe dans des barriques. Le rocou ainsi obtenu est très chargé d'impuretés et ne renferme guère plus de 12 0/0 de matière colorante. Un autre procédé consisterait à faire passer les graines entre des brosses très serrées et plongées dans l'eau, où la matière colorante resterait en suspension et où on la précipiterait au moyen d'un réactif quelconque, l'alun, par exemple, qui a donné d'excellents résultats. Le brossage aurait l'avantage, sur le procédé du broyage, de ne pas mêler au produit colorant de fécules et d'autres substances fermentescibles, dont la décomposition nuit beaucoup aux qualités de la matière colorante.

Le rocou renferme, en réalité, deux substances colorantes distinctes, que l'industrie isole et utilise séparément : l'orelline, qui a une belle couleur orangée, et la bixine, qui présente une nuance d'un vermillon vif. Les couleurs de rocou, employées surtout pour la teinture des laines de tapis, ne résistent pas très longtemps à l'action de l'air et de la lumière, et pâlissent considérablement.

Le produit du rocou est assez variable. On compte en moyenne 800 kilogrammes à l'hectare.

2. L'Indigo.

L'indigo est une plante de la famille des Légumineuses, très répandue aux colonies, où elle croît à l'état sauvage dans des terres riches et un peu humides. On ne le cultive plus dans nos possessions d'outre-mer, et tout le *bleu* employé aujourd'hui par l'industrie française provient des colonies anglaises, et surtout des *Indes*, où la main-d'œuvre est très peu coûteuse. Il est bon néanmoins que vous connaissiez le mode de préparation d'une substance si généralement répandue, et qui sert non seulement à azurer le linge, comme vous le savez tous, mais encore et surtout à la teinturerie.

La plante, cultivée en sol humide et sous un climat chaud, est coupée au moment où elle est en fleur. On l'étend, pour la faire sécher, à peu près comme le foin, mais en prenant des précautions pour qu'elle ne s'échauffe point et ne perde point ses feuilles, qui tombent facilement et contiennent toute la matière colorante. On sépare ces feuilles des tiges par un simple battage, et on les emmagasine jusqu'au moment où l'on entreprend l'extraction du bleu en grand. Les feuilles sont placées dans des cuves, où elles subissent un commencement de fermentation. De ces cuves, l'eau, déjà chargée de principes colorants, passe dans d'autres, où elle est agitée et mise en contact avec l'air. Après un certain temps de repos, on décante et on laisse arriver à niveau, sur le résidu, de l'eau des premières cuves où d'autres feuilles ont fermenté. Quand la couche de résidu est devenue assez épaisse, on la délaye dans de l'eau pure que l'on fait arriver dans de nouvelles barriques propres, où la précipitation est achevée par l'addition d'un léger lait de chaux. Le précipité, d'un bleu sombre, est séché jusqu'à consistance pâteuse, étalé sur une toile, où il achève d'égoutter, puis coupé en fragments et emballé pour l'expédition.

On prépare également l'indigo avec les feuilles fraîches de l'indigotier. A mesure de la coupe, les plantes sont jetées dans un bac rempli d'eau, où elles sont soumises à la fermentation. Le liquide devient jaune verdâtre, puis vert; quand on l'agite, il se forme une écume à reflets violacés. On décante alors l'eau dans une cuve, où on l'agite vivement pour mettre en contact avec l'air les flocons de matière colorante, qui bleuissent rapidement, puis se précipitent au fond du récipient. La précipitation est hâtée, comme nous l'avons vu plus haut, par l'addition d'un léger lait de chaux. Le précipité, amené à l'état de pâte bleue, est mis à égoutter sur toile et débité en pains ou roulé en boules.

Branche d'indigotier.

Nos colonies, et surtout la Guyane française, fournissaient autrefois d'excellent indigo. Depuis, l'exploitation de cette industrie est passée aux mains des Anglais.

3. Le Bois de Campêche.

Le campêche, ou bois de campêche, provient d'un arbre qui appartient également à la famille des Légumineuses. C'est un bois d'un rouge sombre, à odeur faible de violette, très dur et très dense, dont on tire des couleurs rouges, noires, bleues et violettes. On l'exploite aux Antilles françaises, d'où il est exporté en assez grande quan tité. On s'en sert en France pour la teinture, et même pour la coloration artificielle des vins fabriqués. La fraude est facile à reconnaître.

4. Le Curcuma.

Le curcuma est la racine d'une plante de la famille du gingembre, très commune dans plusieurs de nos colonies, notamment à la Réunion, où on l'appelle safran du pays, à la Nouvelle-Calédonie, en Indo-Chine, etc. Elle croît à l'état sauvage dans les vallons un peu frais, à la lisière des forêts et sur les flancs des collines herbeuses. Le curcuma donne une belle couleur jaune qui le fait employer dans la teinturerie. Comme il possède un goût piquant aromatique et agréable, il est employé dans certaines colonies pour colorer les sauces. L'Indo-Chine en envoie de certaines quantités en France, ainsi que la Réunion, qui le vend à l'état de poudre.

CHAPITRE VI

MATIÈRES OLÉAGINEUSES TIRÉES DES COLONIES

Les matières oléagineuses tirées des colonies sont surtout employées par l'industrie française pour la fabrication des savons, des huiles végétales et de diverses substances. Nos colonies envoient en France :

Le coprah, qui n'est autre chose que l'amande sèche de la noix de coco ;

Les arachides ;

L'huile de palme ;

Les graines de pignon d'Inde ;

Les graines de ricin ;

Les noix de bancoul ;

Les graines ou l'huile de carapa ;

L'huile ou les graines de ben ;

L'huile ou les graines de coton ;

Des graines ou substances oléagineuses diverses.

1. Le Coprah.

Quand nous avons parlé du *coco,* nous nous sommes suffisamment étendus sur cet intéressant palmier. Nous n'y reviendrons que pour nous occuper spécialement du *coprah,* de sa *préparation* et de son *utilisation* en industrie.

Les pays qui possèdent un grand nombre de cocotiers fabriquent seuls le coprah. Telles sont surtout les îles océaniennes de la Nouvelle-Calédonie et dépendances, et du groupe de Tahiti, parmi nos possessions françaises. Les noix de coco sont cueillies mûres, c'est-à-dire au moment où le brou jaunit et commence à se rider. On les laisse achever de mûrir en tas sur le sol, et, lorsque la provision en est suffisante, on procède à la préparation du coprah. Il faut d'abord débarrasser la noix du brou fibreux et résistant qui l'enveloppe. Le moyen le plus commode et le plus communément employé par les Canaques en Nouvelle-Calédonie consiste à lancer la noix sur un pieu solide et dur, planté obliquement dans le sol. La noix s'enfonce dans ce pieu, et, par un mouvement de torsion, on arrache d'un coup une portion du brou. En cinq ou six coups, la noix est débarrassée de son brou, que l'on recueille pour la préparation du coir. La noix ainsi dépouillée est cassée en deux et exposée à l'air. L'amande, qui adhère aux parois, se dessèche, se rétracte, et, au bout de quelques jours, est facilement détachée de coquille. Un procédé plus rapide et plus avantageux consiste à placer les noix dépouillées pendant dix minutes à la chaleur d'un four. L'amande se détache alors très facilement et tout entière. On brise la coquille d'un coup sec, et l'amande est à nu : on la coupe en fragments, qu'on laisse sécher à l'air le plus complètement possible; car si la dessiccation n'est pas complète, le coprah s'échauffe et s'enflamme. Ces fragments constituent ce qu'on appelle le *coprah*. Il faut de six à sept cents cocos pour faire une tonne de coprah, et environ quatre tonnes de coprah, industriellement, pour faire une tonne d'huile.

Le coprah est envoyé surtout à Marseille, où il est soumis à la presse : l'huile extraite est utilisée pour la fabrication des savons.

2. Les Arachides.

Les arachides sont les graines oléagineuses d'une plante herbacée de la famille des Légumineuses, l'arachide *hypogée,* dont le nom signifie *souterraine*. En effet, dans cette plante curieuse, la gousse, au lieu de se développer à l'air libre, mûrit dans le sol, où la fleur flétrie s'enfonce bientôt. Elle préfère surtout les sols sablonneux et riches en même temps. Elle est surtout cultivée en grand en

Afrique, au Sénégal, au Soudan et dans l'Inde. L'arachide contient de 35 à 50 0/0 d'huile, suivant qu'elle est ou non décortiquée. Industriellement on compte 30 0/0 d'huile. Les arachides nous arrivent, tantôt en gousses, tantôt dépouillées de leur enveloppe. La gousse est ridée, striée, blanche, cylindrique-ovoïde aux extrémités, fra-

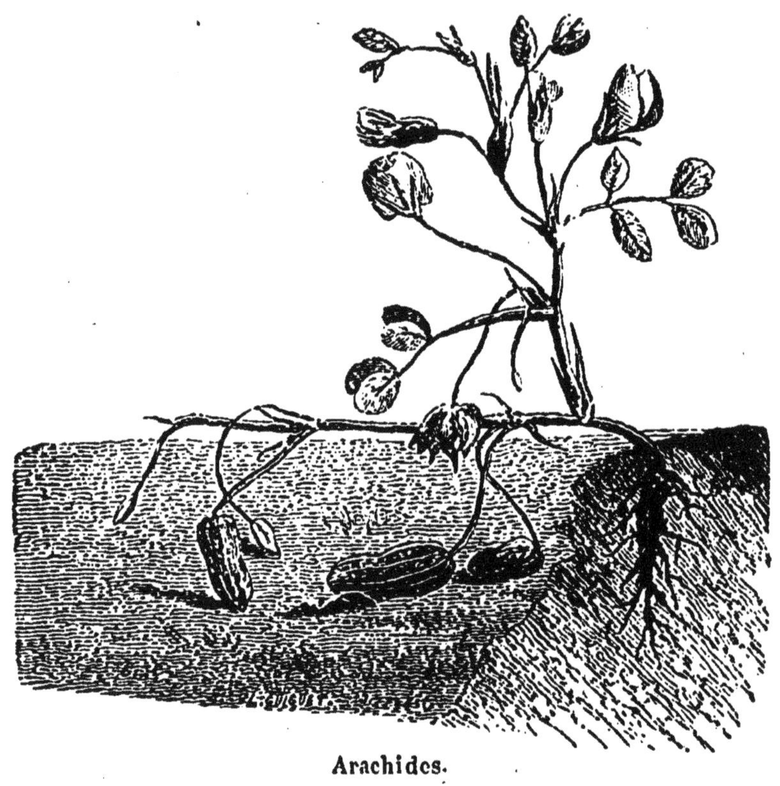

Arachides.

gile, cassante, et renferme une ou deux graines assez analogues à de petites fèves rondes, très grasses, d'un goût assez délicat quand elles ont été grillées. On extrait l'huile de ces graines surtout à Marseille, où se font les principaux arrivages. Cette huile, épurée et dépouillée par des manipulations spéciales de l'odeur de légume qu'elle possède, est comestible et peut être comparée, pour la qualité, à l'huile d'olive. On l'emploie également pour la savonnerie.

3. L'Huile de Palme.

L'huile de palme, très employée également pour la confection des savons, provient seulement de nos colonies

Elæis de Guinée.

des côtes occidentales d'Afrique. Elle est tirée, comme l'indique son nom, du fruit d'un palmier, qu'on appelle l'*Elæis* de *Guinée*. On compte qu'un arbre peut rapporter, à l'état adulte, 10 litres d'huile par an. Pour obtenir l'huile, on emploie plusieurs procédés. Le plus usité consiste à abandonner les fruits en tas à la fermentation. Le péricarpe du fruit contient la substance huileuse dans une proportion qui, expérimentalement, s'élève à 71 0/0, mais ne dépasse pas 50 0/0 industriellement. Les peuplades noires qui fabriquent elles-mêmes l'huile n'en tirent guère que 30 0/0 au maximum. Cette huile est très épaisse, peu claire, d'un jaune orangé foncé, répandant, quand elle est fraîche, une légère odeur d'iris. On en extrait non seulement le corps gras nécessaire à la fabrication des savons, mais encore une substance qui entre dans la composition de la stéarine des bougies. — Outre l'huile du péricarpe, il existe encore, dans le noyau du fruit, un corps gras abondant (47 0/0), assez concret, blanc, analogue au beurre, et comestible quand il est frais. C'est pourquoi nos colonies d'Afrique expédient en grande quantité ces noyaux en France, où ils sont utilisés.

4. Le Pignon d'Inde.

Bien que les graines de *pignon d'Inde,* ou de *médicinier,* ou de *Curcas purgans,* de la famille des Euphorbiacées, que l'on utilise en France pour la savonnerie, ne proviennent point de nos colonies, nous nous y arrêterons néanmoins, parce que la plante qui les produit existe dans presque toutes nos colonies, où elle se propage même à l'état sauvage. On rencontre, en effet, le pignon d'Inde en Nouvelle-Calédonie; à la Réunion, où il sert, comme nous l'avons vu, de tuteur à la vanille; à la Guyane française; dans nos colonies des côtes occidentales d'Afrique; au Soudan; au Sénégal, où il porte le nom de pourghère et où il sert de haies aux jardins (ou lougans) des indigènes, et même en Cochinchine et en Indo-Chine, où il réussit bien. Il y a donc lieu d'espérer qu'un jour viendra où on le récoltera en grand dans toutes nos possessions, et où il contribuera à alimenter la grande industrie savonnière de Marseille. Pour le moment, ce sont les îles du Cap-Vert qui envoient à Marseille leur provision de graines oléagineuses. Ces graines contiennent, non décortiquées, 26 0/0 d'huile, et les amandes seules 40 0/0. Cette huile, très purgative, n'est employée que pour la fabrication des savons.

5. Les Graines de Ricin.

La plupart d'entre vous connaissent la plante qui produit le ricin, et il en est bien peu, parmi vous, qui n'aient au moins vu l'huile visqueuse et épaisse que l'on prend comme purgatif. Le ricin, ou *Palma Christi,* est un arbrisseau d'ornement très répandu aujourd'hui en France dans les squares ou les jardins particuliers. Sa tige articulée, ses feuilles palmées-digitées énormes, munies d'un long pédoncule; le bouquet terminal jaune de ses fleurs mâles, que surmonte enfin l'épi rouge des fleurs femelles, sont bien caractéristiques. Comme la plante précédente, le ricin appartient à la famille des Euphorbiacées. L'huile qu'on extrait des graines de ce végétal sert non seulement en pharmacie, mais encore et surtout dans l'industrie de la savonnerie. On estime le rendement du ricin à 400 kilogrammes de graines à l'hectare; expérimentalement, la quantité d'huile contenue dans ces graines est de 45 0/0 de leur poids. On n'en extrait, industriellement, que 35 0/0.

Le ricin réussit bien dans toutes nos colonies où il s'est répandu et multiplié à l'état sauvage; mais la culture et l'exportation n'en ont pas été essayées jusqu'à ce jour. En Nouvelle-Calédonie, les graines sont utilisées sur place par une fabrique de savon. Celles qui arrivent à Marseille proviennent surtout des colonies anglaises.

6. Les Noix de Bancoul.

Le bancoulier est un arbre de la famille des Euphorbiacées. Les noix qu'il produit arrivent depuis quelque temps en France, où elles sont utilisées pour l'extraction d'une huile dont les usages sont assez variés, mais qui sert surtout en peinture. Originaire des Moluques, le bancoulier existe à l'état sauvage dans nos possessions de l'Océanie, notamment en Nouvelle-Calédonie et à Tahiti. La première de ces colonies en a fait l'exploitation pendant quelque temps. Depuis, les noix de bancoul sont expédiées en France par les possessions hollandaises.

7. Le Sésame.

Le sésame est cultivé aujourdhui surtout dans l'Inde et dans nos colonies ouest-africaines. C'est une plante de la famille des Pédaliacées, dont les graines sont utilisées pour l'extraction d'une huile qui sert surtout à l'éclairage. Pondichéry, le Sénégal et la Guinée envoient actuellement une certaine quantité de ces graines en France, et principalement à Marseille.

8. Le Carapa et le Touloucouna.

Le carapa est un bel arbre de la famille des Méliacées, qui croît surtout à la Guyane française, où il est très répandu. L'huile qu'on extrait des graines de carapa, où elle existe dans la proportion de 80 0/0 expérimentalement, et de 50 0/0 industriellement, rancit très difficilement et contient un principe amer spécial. Elle est très bonne pour la savonnerie et l'éclairage. Elle est excellente pour le graissage des machines. La Guyane française pourrait en expédier des quantités considérables; mais jusqu'à présent ces graines n'ont été envoyées qu'à titre d'échantillons, et les négociants et industriels de Marseille, malgré leurs demandes réitérées, n'ont pas pu en obtenir de grands envois.

Le touloucouna est un arbre de la même famille et du même genre que le carapa. Il croît en Guinée, au Sénégal et au Soudan, d'où ses graines sont expédiées à Marseille, où on les emploie pour la confection des bougies.

9. L'Huile de Ben.

L'huile de ben, qui ne rancit que très difficilement et reste toujours limpide sans s'épaissir, est surtout employée dans la parfumerie et par les horlogers, pour le graissage des rouages délicats des montres. Elle provient des graines du ben oléifère, arbre très commun dans l'Inde, qui en expédie une certaine quantité en France tous les ans.

10. L'Huile de Coton.

Nous avons vu, à propos du coton, que l'huile des graines était employée dans la savonnerie. C'est particulièrement d'Amérique qu'arrivent en France les graines de cotonnier destinées à la production de l'huile. Nous ne citons ce produit que pour mémoire, la culture du cotonnier étant depuis longtemps délaissée dans nos colonies françaises.

11. Graines et substances oléagineuses diverses.

L'attention des industriels français a été appelée depuis quelque temps sur des produits coloniaux d'une grande valeur au point de vue de l'utilisation industrielle. Nous les passerons rapidement en revue, parce qu'ils n'arrivent sur nos marchés que depuis peu de temps :

Certaines *sapotacées*[1] ont des graines assez riches en matière grasse pour être utilisées dans l'industrie; parmi celles-ci, notons les graines d'*illipé,* qui nous arrivent de l'Inde et sont employées pour la fabrication des bougies; le *suif d'arbre,* qui vient de l'Indo-Chine et qu'on extrait des graines d'un arbre appelé schoulah par les indigènes; le *beurre de Karité,* qui nous arrive du Soudan et qui provient également d'une sapotacée. De la côte occidentale d'Afrique on reçoit le *beurre d'O'dika,* qui provient des graines d'une légumineuse assez commune dans ces régions; enfin, les graines d'*Owala,* très riches en un corps gras analogue au beurre de cacao, viennent d'un

1. Arbrisseaux à suc laiteux.

arbre commun dans nos colonies de la côte occidentale d'Afrique, de la famille des Rutacées. Il existe encore dans nos colonies une série considérable de substances grasses d'une grande valeur. La Guyane, Madagascar, le Soudan, renferment, à ce point de vue, d'inestimables richesses, que notre industrie saura peu à peu connaître et utiliser.

CHAPITRE VII

SUBSTANCES D'UTILISATIONS INDUSTRIELLES DIVERSES

Nous demandons à nos colonies d'autres matières premières précieuses, d'un emploi constant dans l'industrie; de ce nombre sont principalement le caoutchouc, la gutta-percha, le balata, la gomme arabique, la colle de poisson et diverses résines pour vernis.

1. Le **caoutchouc**, que l'on tire aujourd'hui de plusieurs plantes de familles différentes, est une des substances les plus fréquemment employées dans l'industrie, comme vous le savez. Il provient, suivant les colonies, de végétaux différents.

Le caoutchouc de la Guyane française est tiré d'un arbre de la famille des Euphorbiacées, qu'on appelle l'hévéa guyanais. La substance que vous connaissez sous le nom de caoutchouc a subi une foule de préparations et de transformations : avant d'être ce qu'elle est dans le commerce, c'est-à-dire une matière extensible, élastique, imperméable, elle existait, dans l'écorce de certains végétaux, sous la forme d'un liquide laiteux, assez épais, d'un beau blanc; c'est ce que l'on nomme scientifiquement un *latex*. On obtient l'écoulement de ce latex au moyen d'incisions pratiquées dans l'écorce, et se déversant les unes dans les autres jusqu'à un réservoir placé au pied de l'arbre, et qui consiste en un vase quelconque. Il faut tout d'abord *coaguler* ce latex. Pour cela, il existe plusieurs procédés. — Les Indiens du Brésil et du Para, voisins de la Guyane française, trempent dans le lait une planchette de bois qu'ils exposent ensuite à la fumée d'un feu qu'ils entretiennent à l'aide de plantes spéciales. Cette fumée et la chaleur dégagée par le feu noircissent et sèchent ce lait, qui forme bientôt sur la planchette une mince pellicule élastique. On trempe à nouveau la planchette et l'on fait sécher par le même procédé; l'opération se renouvelle jusqu'à ce que la série des couches de pellicules superposées constitue une masse assez considérable, que l'on détache de la planchette soit en la roulant sur elle-même, comme on tirerait un gant par le poignet, soit en fendant longitudinalement la masse, qui s'ouvre par son élasticité et laisse à nu le morceau de bois.

Ce morceau de bois est remplacé, dans certaines exploitations, par des boules d'argile sèche emmanchées à un bâton. On plonge ces boules dans le caoutchouc liquide, et l'on sèche les couches obtenues comme on a fait avec la planchette. Quand ces couches enveloppent la boule d'argile d'une épaisseur suffisante de caoutchouc durci, on retire le bâton, on frappe sur la masse de caoutchouc, qui a alors à peu près la forme d'un jambon, et l'on brise ainsi la boule d'argile, dont les fragments sortent par le trou ménagé par la place du bâton qui servait de manche. Le caoutchouc laiteux coagule rapidement à l'alcool, qui le fait prendre en masse blanche élastique; le jus de citron sert également à le coaguler, ainsi que la chaleur. Un procédé qui donne d'excellents résultats consiste à faire chauffer le lait au bain-marie pour lui faire perdre une partie de l'eau qu'il contient. Quand il est à l'état de consistance crémeuse, on le verse sur de fortes toiles que l'on a tendues sur une surface de sable mouillé bien plane, et, en cet état, on l'expose à un courant d'air chaud et très vif, ou au soleil. Au bout de quelques heures, on a une plaque de caoutchouc régulière qui adhère à la toile, d'où on la détache en la mouillant fortement. Cette forme commerciale est très recherchée. Les hévéas sont assez communs en Guyane; on en peut faire des plantations à raison de huit cents à l'hectare. Chaque arbre, saigné modérément, car une exploitation trop considérable amènerait l'affaiblissement et même la mort du végétal, peut donner environ cinq litres de lait, qui donnent 2 kilogrammes à 2^{kg},500 de caoutchouc coagulé. Le prix du kilogramme varie beaucoup. Le bon caoutchouc du Para se vend jusqu'à 10 francs le kilogramme. Le caoutchouc de la Guyane vaut de 4 à 6 francs.

La France reçoit également du caoutchouc de nos colonies occidentales d'Afrique, c'est-à-dire de la Guinée, du Soudan, du Gabon, du Sénégal et du Congo. Ici, c'est une liane de la famille des Apocynées, le *Vahea,* qui produit cette substance. Comme cette liane présente un diamètre assez restreint, on est obligé, non point de l'inciser, comme cela a lieu pour les troncs plus gros de l'hévéa, mais de sectionner les rameaux, dont le latex s'écoule assez rapidement. On pense qu'un pied peut donner de 3 à 4 kilogrammes de caoutchouc. Les moyens de coagulation sont assez variés. Dans les Rivières du Sud [1], on emploie le jus de citron, qui amène le caoutchouc coagulé à l'état flottant à la surface du liquide. On le comprime alors en boules qu'on livre au commerce. D'autres emploient l'eau de mer additionnée de sel. — Les boules qui nous arrivent de la côte occidentale d'Afrique semblent formées de fils de caoutchouc roulés en pelote. On obtient ce résultat en enlevant sur la liane, sur la plus grande longueur possible, une bandelette d'écorce assez étroite. La plaie formée est lavée à l'eau salée. Le latex qui s'écoule se coagule au contact du sel marin et forme des rubans minces de caoutchouc qu'on enroule sur eux-mêmes. Ces boules sont les plus recherchées. Le caoutchouc en plaques, coagulé au soleil et à la chaleur, est très chargé d'impuretés. — Il nous reste à constater que, tentés par l'appât du gain, les indigènes, au lieu de saigner les lianes à caoutchouc par le procédé que nous venons d'indiquer, les coupent complètement et les détruisent, de sorte que les végétaux producteurs de caoutchouc deviennent de plus en plus rares dans certaines régions.

1. Louis Planchon, *les Apocynées,* page 309; Montpellier, 1894.

Le caoutchouc de Madagascar, qui provient également de lianes de la famille des Apocynées et du genre vahea, nous arrive en boules de grosseur variable. Les indigènes détruisent également, par leur exploitation barbare, les végétaux producteurs de cette précieuse substance.

Les arbres énormes qu'on nomme *banians*, et qui croissent dans nos colonies de l'Océanie et de l'Inde, donnent également un assez bon caoutchouc, qui n'arrive que depuis très peu de temps sur le marché français.

2. La **gutta-percha**, qui sert d'isolant aux fils métalliques des câbles sous-marins, et dont les applications sont presque aussi variées que celles du caoutchouc, n'a pas l'élasticité et l'extensibilité de ce dernier produit. Elle est surtout imperméable, mauvaise conductrice de l'électricité et inattaquable à certains acides. Elle ne provient pas de nos colonies, mais des Indes néerlandaises, où on l'extrait, par incision, d'un arbre de la famille des Sapotacées, l'*Isonandra gutta*. Mais si nous citons cette substance, c'est qu'on l'a rencontrée depuis quelque temps en quantité notable dans certaines plantes propres aux colonies françaises, où l'exploitation finira par s'établir.

3. Le **balata** est une substance analogue à la gutta-percha et en même temps au caoutchouc. Elle a l'imperméabilité de la première et, jusqu'à un certain point, l'élasticité du second. Elle provient d'un arbre de la famille des Sapotacées, qu'on appelle le *balata*, propre à la Guyane française, où l'exploitation commence à être entreprise en grand. La production du lait de balata, qu'on extrait, comme le caoutchouc, à l'aide d'incisions de l'écorce, atteint six à sept litres en saison humide, et se réduit à trois ou quatre litres pendant la saison sèche. Il faut environ deux litres de lait pour produire un kilogramme de balata coagulé. La coagulation s'obtient, comme celle du caoutchouc, par l'alcool ou les acides. Le jus de citron donne de bons résultats. Le balata est un bon isolant électrique. On en fait aujourd'hui d'excellentes courroies de transmission, d'une souplesse et

d'une solidité extraordinaires. On peut le vulcaniser[1] comme le caoutchouc.

4. La **gomme arabique** nous arrive du Sénégal et du Soudan en grandes quantités. Elle provient du tronc de certains acacias très abondants dans ces colonies, et est employée, comme vous le savez, à divers usages industriels importants.

5. Les résines pour vernis provenant de nos colonies sont le **copal** et le **kaori** ou kawri. Le copal provient, soit de la Guyane, soit de nos colonies de l'Afrique occidentale. Le copal de la Guyane, qu'on appelle *résine animée,* est sécrété par l'écorce d'un arbre de la famille des Légumineuses, qu'on appelle *Hymenea courbaril.*

Dissous dans l'alcool, il donne des vernis remarquablement limpides et séchant vite. — Le copal de la *Casamance,* de la Guinée, etc., provient d'un arbre de la même famille et du même genre. Il paraît moins apprécié que celui de la Guyane.

6. La **résine de kaori** nous arrive de la Nouvelle-Calédonie. C'est le produit de sécrétion d'un arbre de la famille des Conifères, à laquelle appartient notre sapin de France, et du genre dammara. On recherche surtout dans le commerce la résine fossile, c'est-à-dire celle qui s'est écoulée du tronc en grande quantité et a vieilli lentement dans la terre. Elle donne des vernis de toute beauté en solution dans l'alcool.

7. La **colle de poisson** est formée des vessies natatoires desséchées de certains poissons, notamment de celles du *mâchoiran* de la Guyane française, qui fournit la colle la plus renommée.

1. Opération consistant dans la combinaison d'une petite quantité de soufre avec le caoutchouc pour en modifier les propriétés.

TABLE DES MATIÈRES

CHAPITRE V

Matières tinctoriales.

CHAPITRE VI

Matières oléagineuses.

CHAPITRE VII

Substances d'utilisations industrielles diverses.

SOCIÉTÉ ANONYME D'IMPRIMERIE DE VILLEFRANCHE-DE-ROUERGUE
Jules Bardoux, Directeur.

www.ingramcontent.com/pod-product-compliance
Ingram Content Group UK Ltd.
Pitfield, Milton Keynes, MK11 3LW, UK
UKHW021225230726
13926UKWH00003B/1252

9 782019 128074